KB275234

말과 글의 지성을 깨우는

필사 노트

말과 글의 지성을 깨우는

필사노트

양원근 지음

정민
미디어

Prologue

말과 글로
다시

자신을 채우는
시간

소크라테스의 사유를 빌려 적어본다.

'말은 영혼의 거울이며, 글은 그 영혼이 남긴 흔적이다.'

이 책은 그러한 시대의 언어를 다시 맑히기 위한 여정이다. 철학자, 사상가, 작가, 현인 들의 언어 속에서 우리는 말과 글이 가진 본래의 힘을 다시 배우게 된다. 공자는 말의 절제 속에서 마음의 품격을 가르쳤고, 키르케고르는 불안 속에서도 표현의 진실함을 지켰다. 버지니아 울프는 매일의 기록을 통해, 피터 드러커는 '커뮤니케이션의 핵심은 지식이 아니라 인간에 대한 배려다'라는 신념을 통해 자신을 다스렸다. 그들의 언어는 단지 지혜의 말이 아니라, 삶의 태도이자 수양의 실천이었다. 이 책은 그들이 남긴 언어의 조각들을 따라가며, 나만의 언어를 스스로 단련해가는 길을 열어준다.

말은 마음의 모양이고, 글은 그 마음의 흔적이다. 말이 관계를 열어주는 열쇠라면, 글은 그 관계를 오래 지켜주는 등불이다. 그러나 언어는 언제나 훈련을 필요로 한다. 타인을 이해하려면 먼저 자신 안의 언어를 다듬어야 하고, 자신을 설득하려면 자신의 말을 스스로 믿을 수 있어야 한다. 좋은 말은 기술이 아니라 태도에서 비롯되고, 좋은 글은 지식이 아니라 마음에서 태어난다. 결국 언어를 익힌다는 것은 세상을 배우는 일인 동시에 자신을 배우는 일이다.

또 말을 배우는 일은 사람을 배우는 일이다. 상대의 눈빛을 읽고, 침묵의 의미를 헤아리고, 다름 안에서 공감의 언어를 찾아내는 일이다. 진정한 말하기는 설득이 아니라 이해이며, 이기심이 아니라 나눔이다. 우리는 말을 통해 세상과 닿지만, 그 말의 방향이 따뜻하지 않다면 관계는 쉽게 식는다. 말은 세상을 바꾸기 전에 마음을 바꾸는 힘을 가진다. 말이 곧 사람이라는 것은 결코 비유가 아니다. 말의 품격이 곧 삶의 품격이기 때문이다.

그리고 글쓰기는 그 말의 여운을 마음 깊이 붙잡는 일이다. 하루의 사소한 생각, 마음의 작은 파동을 글로 적는 일은 자신을 단단하게 만드는 가장 오래된 수양이다. 글을 쓴다는 건 자신을 설명하는 것이 아니라, 자신을 이해하는 일이다. 글은 우리가 얼마나 느리고, 불완전하며, 동시에 얼마나 아름다운 존재인지를 가르쳐준다. 한 문장을 완성하는 데 필요한 시간과 고요함이 곧 삶을 다루는 법을 익히는 과정이 된다.

이 책은 말을 잘하고 글을 잘 쓰기 위한 기술서가 아니다. 말의 온도를 배우고, 글의 깊이를 익히는 과정 속에서 자신을 단정히 세워가는 마음의 훈련 노트다. 매일 한 문장씩 필사하며 천천히 따라가다 보면, 언어가 조금씩 달라지고, 마음의 결이 바뀌는 걸 느낄 것이다. 언어는 결국 우리가 세상을 마주하는 태도다. 우리가 사용하는 단어와 문장 속에는 우리의 세계관이, 우리의 인간관이 그리고 우리의 품격이 담겨 있다.

하루의 끝에 자신이 남긴 말을 돌아보는 사람, 잠들기 전 오늘 쓴 문장을 읽어보는 사람은 이미 성장의 길 위에 서 있다. 말이 다듬어질수록 마음은 단정해지고, 글이 쌓일수록 삶은 깊어진다. 언어를 새롭게 익힌다는 것은 결국 자신을 새롭게 세우는 일이니까.

오늘의 한 문장, 그 한 줄의 성찰이 당신의 하루를 맑게 비추길, 그리고 그 문장 속에서, 당신 자신의 언어를 천천히 되찾길.

양원근

말은
사람의 품격을 드러내는 거울이다.
혀끝에서 흘러나온 한마디는 곧 그의 마음과 시대를 비춘다.

말을
깨우다

맑은 말을 하는 사람의 마음

맑은 말을 하는 사람 곁에 있으면, 그 사람의 말뿐 아니라
존재 자체가 잔잔한 평안을 준다.
말을 가꾸는 일은 곧 마음을 가꾸는 일이다.
우리가 매일 어떤 말을 입에 담는지가 우리의 내면을 닦아내고,
그 내면은 다시 말을 맑게 만든다.

'사람을 이롭게 하는 말은
따뜻하기가 솜과 같고,
사람을 상하게 하는 말은
날카롭기가 가시와 같다.'
《명심보감》

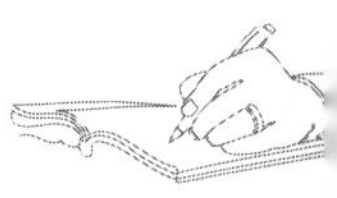

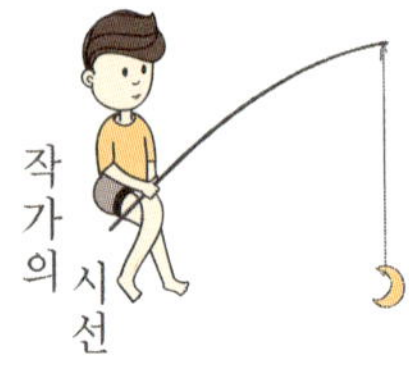

말은 마음의 그릇과 같다. 마음속에 무엇이 담겨 있는지 한마디 말만 들어도 우리는 알 수 있다. 분노와 질투가 가득한 사람의 말은 날카롭고, 따뜻함과 연민이 자리한 사람의 말은 듣는 이에게 포근함을 남긴다.《명심보감》은 말한다.

'사람을 이롭게 하는 말은 따뜻하기가 솜과 같고, 사람을 상하게 하는 말은 날카롭기가 가시와 같다.'

이는 곧 우리의 말이 상대방에게 어떻게 전해지는지를 시각적으로 보여준다.

우리는 종종 '말실수'라는 표현을 쓰지만, 어쩌면 그건 실수가 아닐 수 있다. 말은 그 사람의 내면을 비추는 거울일 때가 많기 때문이다. 조급한 마음은 성급한 말로, 편협한 마음은 배타적인 말로 드러난다. 반대로 맑은 마음은 언제나 고요하면서도 힘 있는 언어를 낳는다. 누군가의 격려 한마디에 기운을 얻고, 다정한 인사에 하루가 환해지는 이유가 바로 여기에 있다.

맑은 말을 한다는 것은 억지로 좋은 말을 꾸며내는 것이 아니다. 욕심을 덜어내고, 남을 다치게 하지 않으려는 마음을 품을 때 자연스레 나오는 것이 맑은 말이다. 그래서 맑은 말을 하는 사람 곁에 있으면, 그 사람의 말뿐 아니라 존재 자체가 잔잔한 평안을 준다. 말을 가꾸는 일은 곧 마음을 가꾸는 일이다. 우리가 매일 어떤 말을 입에 담는지가 우리의 내면을 닦아내고, 그 내면은 다시 말을 맑게 만든다.

불필요한 비난을 줄이고, 필요한 격려를 더하며, 한 번 더 숨을 고르고 말을 내뱉는 것. 그 작은 노력들이 쌓이면 어느 순간 우리의 말은 물처럼 맑아져, 듣는 이의 마음을 시원히 적셔줄 것이다. 그리고 언젠가 누군가가 우리를 떠올릴 때, '그 사람은 참 맑은 말을 하던 이였지' 하는 기억으로 남게 될 것이다. 그것보다 더 아름다운 유산이 어디 있을까.

가슴을 울리는 따뜻한 말 한마디

따뜻한 말은 삶의 온도를 바꾼다.
혹독한 겨울날 따스한 햇볕처럼,
누군가의 마음을 녹여내고 다시 살아갈 힘을 준다.
말이 짧더라도 그 안에 배려와 존중이 담겨 있다면,
그 울림은 끝이 없다.

"좋은 말은 짧고 간단하다.
그러나 그 울림은 끝이 없다."

마더 테레사

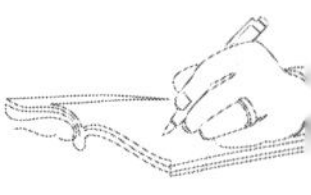

우리는 하루에도 수없이 많은 말을 주고받는다. 하지만 그중 오래 기억되는 말은 의외로 단순하다. 길게 설명하지 않아도, 화려하게 꾸미지 않아도, 마음에서 우러나온 말은 듣는 이의 가슴을 깊이 울린다. 가톨릭의 성녀 마더 테레사는 말했다.

"좋은 말은 짧고 간단하다. 그러나 그 울림은 끝이 없다."

이 말은 그것이 짧게 흘러가도 그 여운은 파도처럼 번져 오래 머문다는 뜻일 것이다.

짧은 위로의 말 한마디가 절망 속에 있는 사람을 다시 일으켜 세우기도 한다. "괜찮아, 네 잘못이 아니야", "네가 있어서 참 고마워" 등 이런 말들은 단순해 보이지만, 지쳐 있는 마음에는 큰 울림이 된다. 반대로 아무리 많은 설명과 변명이 있어도 따뜻함이 빠진 말은 공허할 뿐이다. 결국 말의 힘은 길이에 있지 않고, 진심에 있다.

따뜻한 말은 삶의 온도를 바꾼다. 혹독한 겨울날 따스한 햇볕처럼, 누군가의 마음을 녹여내고 다시 살아갈 힘을 준다. 말이 짧더라도 그 안에 배려와 존중이 담겨 있다면, 그 울림은 끝이 없다.

오늘 우리가 건네는 작은 한마디가 누군가의 삶을 밝히는 등불이
될 수 있다는 사실을 기억한다면, 매 순간 우리의 입술은 더 조심스
러워지고 동시에 더 따뜻해질 것이다.

가끔은 가만히 듣기가 말하기보다 훌륭한 소통이 된다

말을 아끼는 것은 무언가를 잃는 것이 아니라,
오히려 깊은 이해의 시작이 될 수 있다.
누군가 자신의 이야기를
끝까지 들어준다는 사실만으로도 이미 위로를 받는다.
듣기는 말보다 느리지만,
그 느림 속에서 오히려 더 많은 것이 전해진다.

'침묵은 때로 가장 좋은 대답이다.'

티베트 속담

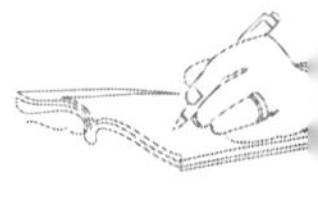

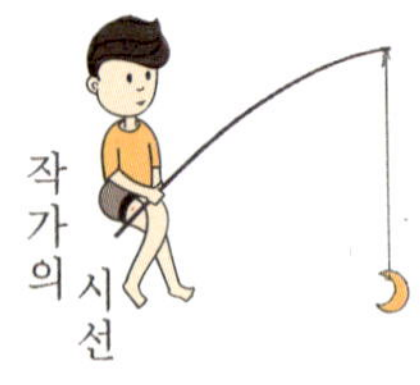

우리는 흔히 소통을 '말하는 것'이라고 생각한다. 잘 설명하고, 설득하고, 논리적으로 풀어내는 능력을 소통의 중심에 둔다. 하지만 진정한 소통은 말하기보다 듣기에서 시작된다. 상대의 말을 끝까지 놓치지 않고 들어주는 순간, 비로소 서로의 마음이 이어진다.

'침묵은 때로 가장 좋은 대답이다.'

이는 아주 오래된 티베트 속담이다. 이 말은 말을 아끼는 것이 곧 무언가를 잃는 것이 아니라, 오히려 깊은 이해의 시작이 될 수 있음을 알려준다.

가만히 듣는 일은 쉽지 않다. 우리는 대화하면서도 속으로는 다음에 무슨 말을 할지 계산하고, 내 주장을 어떻게 펼칠지 고민하느라 정작 상대의 이야기를 놓칠 때가 많다. 그러나 진심으로 들어주는 순간, 상대는 존중받는다고 느낀다. 누군가 자신의 이야기를 끝까지 들어준다는 사실만으로도 이미 위로를 받는 것이다. 듣기는 말보다 느리지만, 그 느림 속에서 오히려 더 많은 것이 전해진다.

가만히 듣는다는 것은 단순히 침묵을 지키는 것이 아니다. 마음을 열고 귀를 기울이며, 그 안에서 말하지 않은 감정까지 헤아리는 태도다. 이는 때때로 어떤 말보다 깊은 이해가 된다. 듣기라는 조용한 행위가 말보다 더 큰 울림을 줄 수 있는 이유가 바로 여기에 있다. 우리가 서로를 더 잘 이해하기 위해 꼭 필요한 것은 화려한 언변이 아니다. 말 대신 고요히 머물러주는 귀가 더 값질 때가 많다. 그래서 가만히 듣는 사람 곁에서는 오히려 말이 자유롭게 흐른다. 그것이 진정한 소통의 힘이며, 우리가 지켜야 할 따뜻한 언어의 모습이다.

경청은 '사랑해'의 또 다른 표현이다

정작 누군가가 가장 필요로 하는 것은 들어주는 귀다.
조언보다 중요한 것은,
그가 겪은 아픔과 기쁨을 함께 견뎌주겠다는
침묵 속의 동행이다.
"네 말을 끝까지 듣고 있어" 하는 태도는
"네가 소중하다" 하는 고백보다
더 깊게 마음에 새겨진다.

"경청은 사랑의 시작이다."

장 바니에

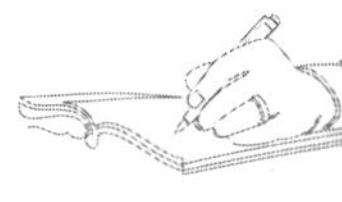

사랑한다고 말하는 것은 쉽다. 그러나 그 말을 증명하는 길은 쉽지 않다. 내가 왜 사랑하는지, 얼마나 사랑하는지를 설명하는 대신 상대방의 마음을 들으려 노력할 때 사랑의 표현은 더욱 깊어진다. 그래서 철학자이자 영성가인 장 바니에는 말했다.

"경청은 사랑의 시작이다."

경청은 귀를 기울이는 행위 자체를 의미하는 게 아니다. 경청은 상대를 향해 마음을 내어주는 태도다. 누군가의 말을 온전히 들어주는 순간, 우리는 그 사람의 존재를 있는 그대로 받아들이게 된다. 그것이 곧 사랑의 가장 순수한 모습이다.

많은 사람이 대화 속에서 '무엇을 말할까'에만 집중한다. 하지만 정작 누군가가 가장 필요로 하는 것은 들어주는 귀다. 조언보다 중요한 것은, 그가 겪은 아픔과 기쁨을 함께 견뎌주겠다는 침묵 속의 동행이다. "네 말을 끝까지 듣고 있어" 하는 태도는 "네가 소중하다" 하는 고백보다 더 깊게 마음에 새겨진다.

경청은 말보다 오래 남는다. 짧은 위로의 말도 때로는 공허할 수 있지만, 진심 어린 듣기는 그 사람의 기억에 평생 남는다. 마음이 무너져 있을 때, 가장 큰 힘이 되는 것은 화려한 언변이 아니라 묵묵히 들어주는 한 사람의 존재다. 결국 우리는 귀로 듣지만, 마음으로 사랑하는 것이다. 그래서 경청이란 곧 '나는 너를 사랑한다'라는 무언의 언어와 같다. 오늘 내가 사랑하는 사람에게 꼭 해야 할 말은 어쩌면 말이 아니라, 그의 목소리에 담긴 떨림을 끝까지 들어주는 침묵일지도 모른다.

좋은 말을 심으면 아름다운 내가 피어난다

좋은 말을 심으면

나도 모르는 사이에 그 말이 나를 닮아간다.

누군가에게 건넨 격려의 한마디는

언젠가 내게 돌아와 나를 붙잡아주고,

따뜻한 인사는 나를 포근한 사람으로 만든다.

반대로 거친 말을 심으면

결국 그 말이 나를 메마르게 한다.

언어는 타인을 향하지만,

동시에 내 마음에도 흔적을 남기기 때문이다.

> "말도 또한 행위이며,
> 행위도 일종의 말이다."

랠프 월도 에머슨

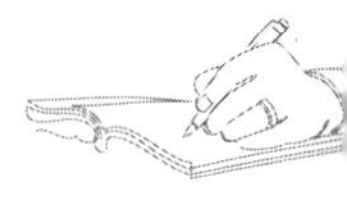

말은 씨앗과 닮았다. 손바닥 위에서는 작은 알갱이에 불과하지만, 흙에 심어지면 꽃이 되기도 하고 나무가 되기도 한다. 마찬가지로 우리가 내뱉는 말은 그 순간에는 사소해 보여도, 시간이 흘러 상대의 마음속에서 자라나 열매를 맺는다. 미국 작가이자 사상가인 랠프 월도 에머슨은 말했다.

> "말도 또한 행위이며, 행위도 일종의 말이다."

우리의 말은 씨앗과 같아서 마음에 그것이 심기면 행위로 나오게 된다는 것이다. 그리고 그 행동이 쌓이면 그것은 곧 우리의 삶이 된다. 좋은 말을 심으면 나도 모르는 사이에 그 말이 나를 닮아간다. 누군가에게 건넨 격려의 한마디는 언젠가 내게 돌아와 나를 붙잡아주고, 따뜻한 인사는 나를 포근한 사람으로 만든다. 반대로 거친 말을 심으면 결국 그 말이 나를 메마르게 한다. 언어는 타인을 향하지만, 동시에 내 마음에도 흔적을 남기기 때문이다.

말을 심는 일은 계절과 같다. 봄에 심은 씨앗이 여름의 푸름을 만들 듯, 오늘 심은 말이 내일의 나를 빚어낸다. 좋은 말을 심는 사람의 얼굴에는 시간이 흐를수록 따뜻한 빛이 깃든다. 마치 햇살을 오래 머금은 꽃잎이 저절로 고운 빛깔을 띠는 것처럼.

우리가 매일 조금 더 아름다워질 수 있는 길은 멀리 있지 않다. 지금 이 순간 내 입술에서 나오는 말 하나를 살펴보자. 누군가에게 작은 칭찬을 건네고, 부드러운 목소리로 안부를 전하며 내 안에 아름다운 씨앗을 심어보자. 좋은 말을 심으면, 그 씨앗은 언젠가 반드시 나를 예쁜 꽃으로 피워줄 것이다.

마음이 먼저 움직일 때 세상도 움직인다

리더의 언어는 화려할 필요가 없다.
오히려 조용한 말, 상대의 마음을 헤아리는 말이
더 강한 울림을 남긴다.
말은 권위가 아니라 존중에서 힘을 얻고,
존중은 사람을 성장하게 만든다.
결국 말을 통해 마음을 움직인다는 것은,
타인을 설득하는 일이 아니라
함께 살아가는 방식을 배우는 일이다.

"말에는 힘이 있다.
정직과 공감으로 말할 때,
문화를 변화시킬 수 있다."

사티아 나델라

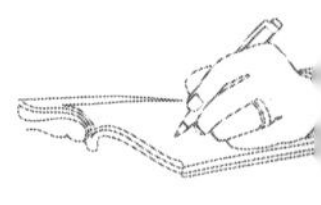

우리는 역사를 통해 리더십은 말의 힘에서 비롯된다는 사실을 보아
왔다. 얼핏 보면 사람들은 능력 있는 사람을 따르는 듯하지만, 실은
자신의 마음을 움직여준 사람을 따른다. 마이크로소프트사의 CEO
사티아 나델라는 말했다.

"말에는 힘이 있다. 정직과 공감으로 말할 때, 문화를 변화시
킬 수 있다."

그녀가 그 자리까지 오른 것은 비단 그녀가 가진 능력이 뛰어나서
가 아니라 그녀가 사람을 향해 건넨 말 때문이었다. 그 말 속에는 진
심이 있었고, 마음을 움직이는 힘이 있었다.
진심 어린 말은 방향을 제시하지 않아도 사람을 움직인다. "당신은
소중하다", "당신의 이야기는 들을 가치가 있다", "당신은 해낼 수
있다" 등등의 말을 하는 데는 커다란 능력이나 많은 돈이 들지 않는
다. 하지만 이 말은 누군가의 삶을 바꾸기에 충분하다. 사람들은 이
런 말을 듣는 순간 하나의 존재로서 인정받는 경험을 한다. 그것이
바로 마음이 움직이는 순간이고, 리더십이 태어나는 자리다.
리더의 언어는 화려할 필요가 없다. 오히려 조용한 말, 상대의 마음

을 헤아리는 말이 더 강한 울림을 남긴다. 말은 권위가 아니라 존중에서 힘을 얻고, 존중은 사람을 성장하게 만든다. 결국 말을 통해 마음을 움직인다는 것은, 타인을 설득하는 일이 아니라 함께 살아가는 방식을 배우는 일이다. 사티아 나델라의 말은 우리에게 묻는다. "당신의 말은 지금 누구의 마음을 움직이고 있는가?"라고.

나의 존재, 나의 언어

나의 언어는 곧 나의 세계라고 했다.
희망을 말하는 사람은 희망 속에서 살고,
절망만을 말하는 사람은 절망 속에서 산다.
그래서 언어는 단순히 외부를 묘사하는 도구가 아니라,
내 안의 존재를 짓는 벽돌이 된다.
그렇기에 언어를 다듬는 일은
곧 나의 존재를 가꾸는 일이다.

"언어는 존재의 집이다."

마르틴 하이데거

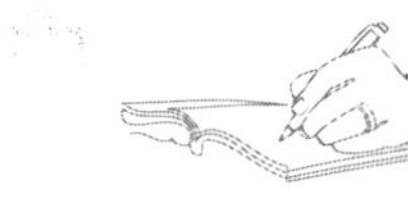

우리는 언어를 통해 세상을 이해하고, 언어를 통해 자신을 드러낸다. 철학자 마르틴 하이데거는 말했다.

"언어는 존재의 집이다."

언어는 우리의 생각과 감정, 기억과 꿈을 담아내는 그릇과 같다. 우리가 어떤 언어를 사용하느냐에 따라 우리의 세계는 달라지고, 존재의 형태도 달라진다.

언어는 나를 규정한다. 부드럽고 따뜻한 말을 자주 사용하는 사람은 그 말 속에서 자신도 조금씩 따뜻해지고, 차갑고 날카로운 말을 반복하는 사람은 그 말 속에서 자신도 메말라간다. 결국 우리는 우리가 선택한 언어의 집에서 살아가는 것이다. 말이 '나'라는 존재를 지탱하는 기둥이 되는 이유가 여기에 있다.

나의 언어는 곧 나의 세계라고 했다. 희망을 말하는 사람은 희망 속에서 살고, 절망만을 말하는 사람은 절망 속에서 산다. 그래서 언어는 단순히 외부를 묘사하는 도구가 아니라, 내 안의 존재를 짓는 벽돌이 된다. 그렇기에 언어를 다듬는 일은 곧 나의 존재를 가꾸는 일이다. 오늘 내가 어떤 말을 선택하는지가 내일 내가 어떤 사람으로 살아갈지를 결정하기에.

나의 언어가 나의 집이라면, 나는 그 집을 어떤 모습으로 지을 것인가. 벽마다 원망과 불평을 쌓아 어두운 집을 만들 수도 있고, 바람이 드나들 수 있도록 창을 활짝 열어 밝고 따뜻한 집을 만들 수도 있다. 그 선택은 나의 몫이다. 오늘 내가 쓰는 언어 하나가 곧 내 존재의 집을 짓는 벽돌이 된다면, 나는 나와 타인이 머물기 좋은 따뜻한 집을 짓고 싶다.

너무 화려한 꽃에는 진정한 향기가 없다

너무 화려한 꽃은 잠시 눈을 즐겁게 할 뿐,
마음을 움직이지는 못한다.
진정한 향기는 소박한 꽃에서 은근히 피어난다.
말도 그렇다.
오늘 우리가 선택하는 소박하지만
진실한 말 한마디가 누군가의 마음속에
오래 머무는 향기가 될 수 있다.
그래서 언어는 늘 화려함보다
진실을 택해야 한다.

'진실한 말은 화려하지 않고,
화려한 말은 진실하지 않다.'

〈도덕경〉

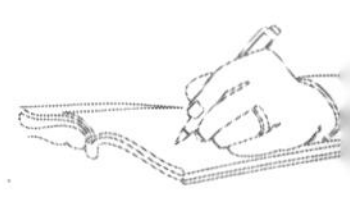

말은 꽃과 닮았다. 화려하게 피어난 꽃은 순간 눈길을 끌지만, 오래도록 기억에 남는 것은 은은히 퍼지는 향기다. 《도덕경》에는 이런 말이 있다.

'진실한 말은 화려하지 않고, 화려한 말은 진실하지 않다.'

이 말처럼 진실은 겉으로 번쩍이는 수사보다 단순하고 소박한 언어 속에 담겨 있다.

사람들은 종종 눈에 띄기 위해 화려한 말, 세련된 표현을 쓴다. 그러나 진실이 빠진 언어는 겉만 번지르르한 꽃과 같다. 처음에는 화려해 보이지만, 곧 시들고 만다. 반면, 진실한 말은 꾸밈이 없다. 때로는 서툴고 거칠어 보일 수도 있다. 하지만 그 안에는 꾸며낸 향기가 아니라, 삶에서 우러나온 진짜 향기가 담겨 있다.

우리가 기억하는 위로의 말은 늘 소박하다. "괜찮아", "고마워", "네가 있어서 다행이야" 하는 말들은 길지도 화려하지도 않다. 그러나 그 단순함 속에서 진실이 전해지고, 그 진실이 오래도록 울림을 남긴다. 언어의 가치는 외양이 아니라 그 속에 담긴 진심에서 비롯되므로.

너무 화려한 꽃은 잠시 눈을 즐겁게 할 뿐, 마음을 움직이지는 못한
다. 진정한 향기는 소박한 꽃에서 은근히 피어난다. 말도 그렇다. 오
늘 우리가 선택하는 소박하지만 진실한 말 한마디가 누군가의 마음
속에 오래 머무는 향기가 될 수 있다. 그래서 언어는 늘 화려함보다
진실을 택해야 한다. 그것이 진정한 소통의 길이다.

너와 나 사이, 좋은 소통이 놓아준 아름다운 다리

좋은 소통은 화려한 언어가 아니라 진심에서 시작된다.
상대의 말을 있는 그대로 듣고, 내 마음을 솔직하게 전할 때
비로소 다리는 단단해진다.
다리가 있어야 강을 건널 수 있듯,
대화가 있어야 서로의 마음을 건널 수 있다.

"대화란 서로의 다름을 잇는 다리이다."

틱낫한

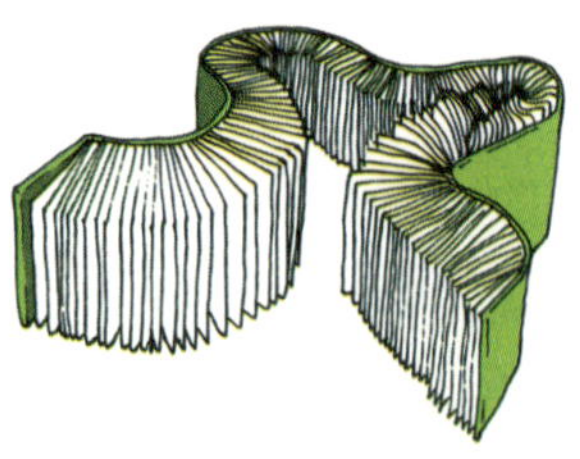

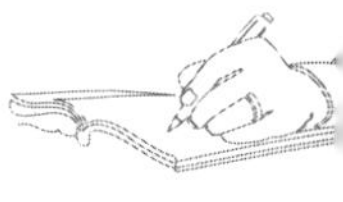

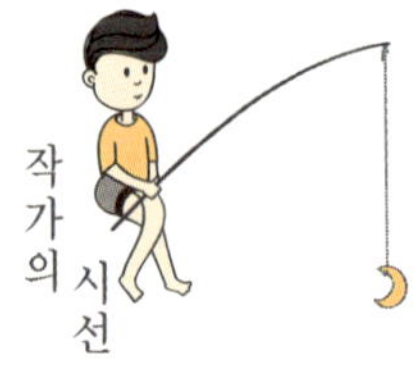

우리가 살아가는 세상은 수많은 '너와 나'로 이루어져 있다. 그 사이에는 보이지 않는 강이 흐른다. 오해와 편견, 두려움과 침묵이 강처럼 가로놓이면 서로에게 닿기란 쉽지 않다. 대화는 그 강 위에 다리를 놓는다. 베트남 출신의 선인 틱낫한은 말했다.

"대화란 서로의 다름을 잇는 다리이다."

좋은 소통은 화려한 언어가 아니라 진심에서 시작된다. 상대의 말을 있는 그대로 듣고, 내 마음을 솔직하게 전할 때 비로소 다리는 단단해진다. 다리가 있어야 강을 건널 수 있듯, 대화가 있어야 서로의 마음을 건널 수 있다. 짧은 인사 한마디가 고립된 사람에게 건너오는 첫 발걸음이 되기도 하고, 사과의 말 한마디가 무너진 다리를 다시 세우기도 한다.

대화가 놓아준 다리 위에서 우리는 서로를 만나고, 함께 웃으며, 때로는 함께 울 수 있다. 다리가 없으면 각자의 섬에 고립되지만, 다리가 놓이면 우리는 더 이상 혼자가 아니다. 그 다리는 서로를 향한 존중과 이해로 지어지고, 시간이 지날수록 더 견고해진다.

그렇게 서로의 앞에 놓인 다리는 마음이 건네는 약속이며, 관계를

지속하게 하는 힘이 된다. 오늘 내가 건네는 대화 한마디가 '너와 나'
사이에 또 하나의 다리를 놓는 순간, 세상은 그만큼 더 따뜻해진다.

이제 나만의 생각을
떠올려보세요.

남의 문장에서 배웠다면,
이제 나의 문장으로 해석할 차례입니다.

말이라는 단단한 반창고

세상을 치유하는 힘은 거창한 담론보다 작은 언어에 있다.
"고맙습니다", "미안합니다", "당신 덕분이에요" 등의
단순한 말들이야말로
무너진 마음을 다시 일으켜 세우는 단단한 힘을 지녔다.
치유는 거대한 손길로 오는 것이 아니라,
일상의 작은 말들 속에서 조용히 스며든다.

"말은 영감을 주기도, 파괴하기도 한다.
당신의 말을 신중히 선택하라."

로빈 샤르마

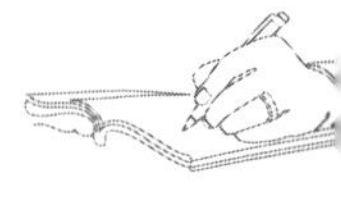

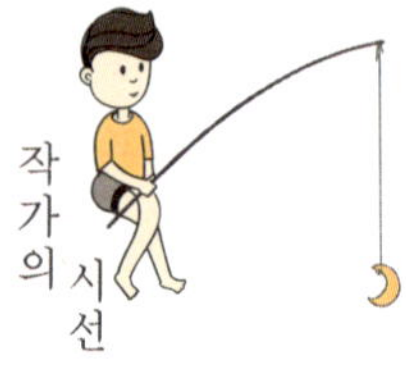

우리는 살아가며 수없이 많은 상처를 주고받는다. 그 상처는 꼭 눈에 보이는 것이 아닐 때가 많다. 날카로운 말 한마디가 누군가의 마음을 깊이 베어내고, 무심한 대답이 외로움을 더 깊게 만들기도 한다. 말은 칼처럼 예리해 상처를 남긴다. 하지만 동시에 말은 가장 따뜻한 치유의 도구가 될 수도 있다. 리더십 구루인 로빈 샤르마는 말했다.

> "말은 영감을 주기도, 파괴하기도 한다. 당신의 말을 신중히 선택하라."

누군가에게 "괜찮아, 나는 네 편이야" 하는 말을 들을 때, 이미 마음의 상처에 작은 반창고가 붙는다. 화려한 조언이 아니어도, 곁을 지켜주겠다는 짧은 한마디는 마음을 단단히 감싸준다. 반창고가 흉터를 완전히 지워주지는 않지만, 아픔이 번지지 않도록 지켜주듯 따뜻한 말은 상처가 더 깊어지지 않게 막아준다.

세상을 치유하는 힘은 거창한 담론보다 작은 언어에 있다. "고맙습니다", "미안합니다", "당신 덕분이에요" 등의 단순한 말들이야말로 무너진 마음을 다시 일으켜 세우는 단단한 힘을 지녔다. 치유는 거대한 손길로 오는 것이 아니라, 일상의 작은 말들 속에서 조용히 스며든다.

매일 사용하는 언어가 칼이 될 수도 혹은 반창고가 될 수도 있다면, 나는 반창고 같은 말을 선택하고 싶다. 그것이 누군가의 상처를 완전히 없애주지는 못하더라도, 다시 걸어갈 힘을 줄 수 있을 테니까.

태도는 말보다 더 큰 언어다

좋은 대화란 결국 단어의 배열이 아니라
태도의 무게에서 시작된다.
존중하는 마음이 깃든 태도는 설령 말이 서툴러도
상대를 감동시키고 마음을 열게 한다.
반대로 교만한 태도는
아무리 유려하게 말한들 마음을 닫게 만든다.

"행동은 말보다 더 큰 울림을 준다."

알베르트 슈바이처

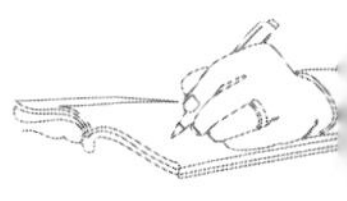

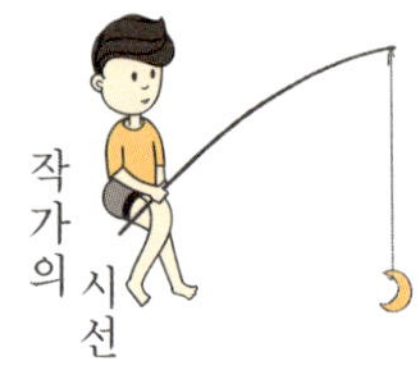

우리는 사람을 볼 때 그 사람의 태도를 본다. 태도는 그 사람의 모든 것을 보여준다. 품격, 살아온 인생, 현재의 생각까지도. 그래서 태도는 어쩌면 그 사람의 전부일지도 모른다. 우리는 자주 말을 보면서 그 사람의 태도를 가늠하곤 한다. 말에는 그 사람의 존재가 드러나기 때문이다. 독일계의 프랑스 의사 알베르트 슈바이처는 말했다.

"행동은 말보다 더 큰 울림을 준다."

그의 말처럼 태도는 말의 배경이 된다. 같은 말을 하더라도 고개를 끄덕이며 말할 때와 팔짱을 낀 채 건네는 말은 전혀 다른 의미로 다가온다. 말은 순간의 선택이지만, 태도는 오랜 습관과 가치관에서 흘러나오기 때문에 더 깊은 신뢰를 준다.

우리는 흔히 말을 꾸미는 데는 힘을 쓰지만, 태도는 소홀히 여긴다. 그러나 상대는 우리가 어떤 어조로, 어떤 자세로 말하는지를 더 뚜렷하게 기억한다. 목소리보다 먼저 보이는 것은 몸짓이고, 단어보다 오래 남는 것은 그 말을 할 때의 표정과 태도다.

좋은 대화란 결국 단어의 배열이 아니라 태도의 무게에서 시작된다. 존중하는 마음이 깃든 태도는 설령 말이 서툴러도 상대를 감동시키고 마음을 열게 한다. 반대로 교만한 태도는 아무리 유려하게 말한들 마음을 닫게 만든다.

말은 대화의 도구이지만, 태도는 대화의 바탕이다. 그래서 태도는 곧 말보다 더 큰 언어다.

우리의 정신은 우리의 언어를 타고

언어는 혼란을 질서로 바꾸는 힘이며,
인간을 끊임없이 사유하게 만드는 정신의 근육이다.
한 문장은 한 사람의 정신이 남긴 흔적이고,
한 문장의 울림은 다른 누군가의 마음을 흔들며
새로운 사유를 낳는다.

"언어는 인간 정신의 외적 표현이다."

야콥 그림

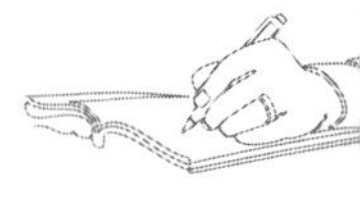

세상을 이해하고 자신을 표현하는 모든 순간에 언어가 있다. 언어는 인간의 정신을 드러내는 창이다. 독일의 언어학자 야콥 그림은 언어는 단순한 말이나 기호가 아니라면서 말했다.

"언어는 인간 정신의 외적 표현이다."

말은 마음이 형태를 얻는 순간이며, 생각이 세계로 건너가는 다리라는 뜻이다.

우리는 언어를 통해 자신을 인식하고, 타인과 세계를 잇는다. 한 사람의 말에는 그 사람의 사고방식과 정서, 살아온 시간의 결이 배어 있다. 같은 세상을 보더라도 표현이 다른 이유는 언어가 각자의 정신을 비추는 거울이기 때문이다. 언어가 다르면 사유의 방식도 달라지고, 단어 하나의 선택이 한 사람의 세계를 규정한다. 그래서 언어를 다루는 일은 곧 자신을 드러내는 일이다.

언어는 또한 우리를 성장시킨다. 생각을 말로 옮기는 과정에서 우리는 마음을 정리하고, 불분명한 감정에 이름을 붙인다. 그 이름이 생기는 순간, 감정은 비로소 이해의 영역으로 들어온다. 언어는 혼란을 질서로 바꾸는 힘이며, 인간을 끊임없이 사유하게 만드는 정신의 근육이다.

한 문장은 한 사람의 정신이 남긴 흔적이고, 한 문장의 울림은 다른 누군가의 마음을 흔들며 새로운 사유를 낳는다. 언어가 세대를 잇고 문화를 이어가는 이유도 여기에 있다. 우리가 언어를 아낄수록 사고는 깊어지고, 우리가 언어를 남길수록 세상은 더 풍요로워진다. 언어를 다듬는 일은 곧 자신을 단련하는 일이며, 인간 정신의 품격을 세우는 가장 고귀한 행위다.

말한 대로 이루어진다면

|

말은 마법과 같아서
"괜찮을 거야"라고 말하면
그 일을 이길 힘이 생기고
"안될 거야"라고 하면
그 말은 마치 무서운 주문처럼
실패를 끌어들이고 만다.
말은 이렇게 예언처럼
우리의 미래를 그려나간다.

"말에는 힘이 있다."

버락 오바마

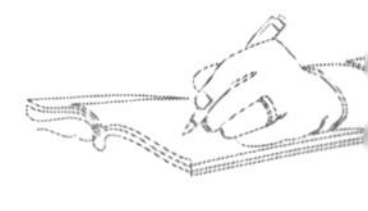

미국의 제 44대 대통령 버락 오바마는 말했다.

"말에는 힘이 있다."

그는 여러 연설을 통해 말에는 영감을 주고, 치유하며, 변화를 일으킬 힘이 있다는 취지의 말을 했다. 그의 말에는 인간 존재의 원리를 꿰뚫는 통찰이 담겨 있다. 실제로 세상은 말로 만들어져 있다 해도 과언이 아니다. 우리가 세상을 바라보는 방식, 사람을 대하는 태도, 나 자신을 믿는 힘까지… 모두 말에서 비롯되기 때문이다.

우리는 현실 속에서 그런 이야기를 많이 접하게 된다. 늘 "할 수 있다!"라고 말하는 사람은 정말 자신이 원하는 것을 이루며 살고, "난 못 해!"라고 말하는 사람은 자주 실패하며 사는 이야기를 말이다. 실제로 말은 마법과 같아서 "괜찮을 거야"라고 말하면 그 일을 이길 힘이 생기고 "안될 거야"라고 하면 그 말은 마치 무서운 주문처럼 실패를 끌어들이고 만다. 말은 이렇게 예언처럼 우리의 미래를 그려나간다.

정치인으로서의 오바마는 언어의 설득력이 아니라 언어의 창조력을 믿었다. 그는 말로 희망을 세우고, 말로 공동체를 회복시켰다. 그가 한 연설의 힘은 지적 설득에 있지 않았다. 그 말이 사람들의 '가능성'을 불러내는 데 있었다.

말은 현실의 반영이 아니라 현실의 재료다. 우리가 어떤 언어를 선택하느냐에 따라, 세상은 그 언어의 형태로 조금씩 바뀐다. 그렇다면 우리는 어떤 언어를 선택하고 싶은가. 긍정의 언어로 꿈을 이루고 세상을 바꿀 것인가, 아니면 부정의 언어로 불안하고 어두운 미래를 끌어올 것인가.

두 번 생각하고, 한 번 말하라

신중한 말은 상대를 존중하고, 동시에 나 자신을 지킨다.
지혜로운 이는 그래서 말을 서두르지 않고,
마음속에서 충분히 숙성시킨 뒤에 입 밖으로 내놓는다.
말하기 전에 스스로에게 던지는 이 작은 질문이야말로,
지혜로운 삶으로 가는 가장 단순하면서도 확실한 길이다.

'지혜로운 사람은
말하기 전에 두 번 생각한다.'

서양 속담

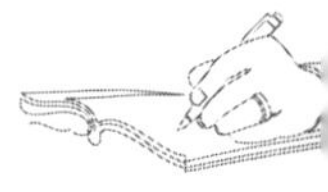

우리의 역사는 여러 이야기와 사상을 통해 '말'의 중요성에 대해 강
조한다. 수많은 철학자가 말의 양면적인 힘에 대해 이야기해왔다.

'지혜로운 사람은 말하기 전에 두 번 생각한다.'

이 서양 속담은 우리가 말을 할 때 한 번은 이 말이 사실에 합당한가
를 묻고, 또 한 번은 이 말이 상대에게 이로울 것인가를 물으라는 뜻
이다. 그렇게 두 번의 검증을 거친 말만이 세상에 내놓을 가치가 있
다고 것이다.

우리는 종종 말이 앞서 마음을 다치게 하거나 관계를 어긋나게 만
들 때가 있다. 그때 깨닫는 것은 단순한 말실수의 뉘우침이 아니라,
생각하지 않고 내뱉은 말의 무게다. 말은 순식간에 우리의 입술을
통과해 밖으로 나가버리고 말지만, 누군가에게 가 닿는 순간 무게
가 생긴다. 그리고 오랫동안 그 사람에게 심겨 여러 생각을 낳고 오
해를 부르며 끝내 상처가 되기도 한다.

그러니 두 번의 생각은 무척 중요하다. 그것은 말에 품격을 더하는
과정이다. 신중한 말은 상대를 존중하고, 동시에 나 자신을 지킨다.
지혜로운 이는 그래서·말을 서두르지 않고, 마음속에서 충분히 숙

성시킨 뒤에 입 밖으로 내놓는다. 말하기 전에 스스로에게 던지는 이 작은 질문이야말로, 지혜로운 삶으로 가는 가장 단순하면서도 확실한 길이다.

은혜롭게 배려하고 명확하게 전하라

좋은 말은 듣는 이를 배려하면서도 핵심을 선명하게 드러낸다.

배려심 있게 잘 전달된 말은 귀에 스며들고,

명확한 말은 마음에 남는다.

우리가 해야 할 일은 이 두 가지를 함께 지켜내는 것이다.

그럴 때 비로소 말은 사람과 사람 사이를

더욱 풍요롭고 아름답게 만든다.

"말은 화려하기보다 명확해야 한다."

키케로

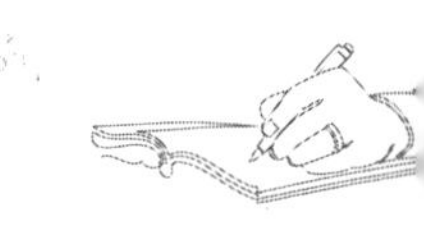

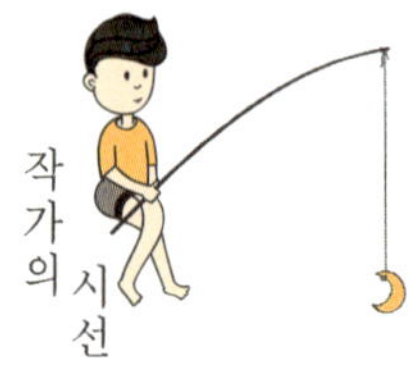

고대 로마의 위대한 웅변가 키케로는 말하기의 본질을 놓고 이렇게 표현했다.

"말은 화려하기보다 명확해야 한다."

명확한 말은 이해를 돕는다. 그리고 우아한 화법은 품격을 만들어 낸다. 이 둘이 조화를 이룰 때 전달력은 최고가 된다.

특히 말의 명확성은 무척 중요하다. 말이 아무리 친절해도 모호하면 신뢰를 얻지 못한다. 듣는 이가 '무슨 뜻이지?' 하고 그 의미를 찾지 못해 헤매게 되면, 따뜻한 마음조차 제대로 전달되지 않는다. 반대로 아무리 명확해도 거칠고 냉랭하다면, 그 말은 벽이 되어 상대를 밀어낸다. 결국 말하기의 기술은 배려와 명확성의 균형에 달려 있다.

그렇다면 은혜로운 말은 어떻게 할 수 있을까? 바로 '상대를 존중하는 마음'으로 단어를 고르는 태도에서 시작된다. 비슷한 뜻을 가진 표현이라도 조금 더 부드럽고 따뜻한 언어를 고르는 순간, 대화는 자연스럽게 유연해진다. 다만, 그 속에서 의미가 희미해지지 않도록 분명한 메시지를 놓치지 않아야 한다.

좋은 말은 듣는 이를 배려하면서도 핵심을 선명하게 드러낸다. 배려심 있게 잘 전달된 말은 귀에 스며들고, 명확한 말은 마음에 남는다. 우리가 해야 할 일은 이 두 가지를 함께 지켜내는 것이다. 그럴 때 비로소 말은 사람과 사람 사이를 더욱 풍요롭고 아름답게 만든다.

품격은 내가 선택한 단어에서 시작된다

|

따뜻한 단어를 고르는 사람 곁에는
늘 온기가 머무른다.
온기 가득한 말은 지친 이의 마음을 위로하고,
서로의 관계를 단단하게 만들어준다.
언어는 순간의 소리가 아니라,
사람 사이에 머무는 향기이자 흔적이다.

"성품은 말과 침묵에서 드러난다."

플루타르코스

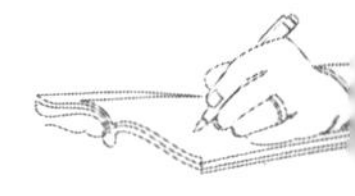

사람의 옷차림은 겉모습을 꾸미지만, 단어는 마음의 모습을 보여준다. 고대 역사가 플루타르코스는 말했다.

"성품은 말과 침묵에서 드러난다."

옳은 단어 하나는 화려한 장식보다 깊은 인상을 남기고, 거친 말 한마디는 오래 쌓아온 신뢰마저 무너뜨린다.

우리는 자주 무심코 말을 고르지만, 그 말이 우리의 인격을 비춘다는 걸 아는가. 일상의 대화에서 나도 모르게 튀어나온 말이 상대에게 어떤 울림을 남겼는지 돌아보면, 결국 그 말은 내 안에 어떤 마음이 자리하고 있는지 보여준다. 그래서 단어 선택은 단순한 표현의 문제가 아니라 삶의 태도와 직결된다. 또 내 마음의 진짜 모습과 연결된다.

따뜻한 단어를 고르는 사람 곁에는 늘 온기가 머무른다. '괜찮아', '고마워', '사랑해'와 같은 온기 가득한 말은 지친 이의 마음을 위로하고, 서로의 관계를 단단하게 만들어준다. 반대로 냉소가 가득한 말, 비아냥거리는 말, 나쁜 의도를 품은 말은 가시처럼 오래 남아 상대를 아프게 한다. 언어는 순간의 소리가 아니라, 사람 사이에 머무는 향기이자 흔적이다.

품격 있는 삶을 원한다면 먼저 평소 대화에 사용하는 단어를 돌아보아야 한다. 내가 자주 사용하는 말들이 어떤 색을 띠고 있는지, 그것이 상대에게 어떤 울림을 주고 있는지를 성찰할 때 말은 비로소 내 인격을 닮아간다. 사람의 품격은 눈에 보이는 장식이 아니라, 매일 입 밖으로 나오는 단어 속에서 조용히 증명된다.

한 번 날아간 화살은 돌아오지 않는다

되돌릴 수 없기에 말은 두려운 무기가 되지만,
그만큼 신중히 다루면 따뜻한 힘이 된다.
말을 화살처럼 여기는 순간,
우리는 함부로 내뱉기보다 조심히 겨누고,
가볍게 던지기보다 깊이 숙고하게 된다.

'말은 화살과 같다.
한 번 나가면 다시 거둘 수 없다.'

아랍 속담

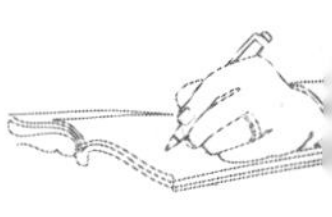

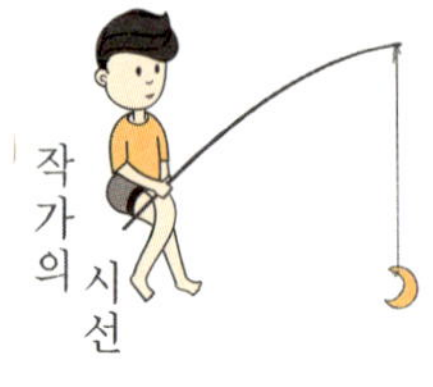

활시위를 떠난 화살은 돌아오지 않는다. 말도 그렇다. 입 밖으로 나온 순간, 그것은 공기 속에 흩어지며 동시에 누군가의 마음에 꽂힌다.

'말은 화살과 같다. 한 번 나가면 다시 거둘 수 없다.'

이 아랍 속담이 말과 화살을 나란히 놓은 까닭은 둘 다 방향과 속도를 갖고 한 번 나아가면 되돌릴 수 없기 때문이다.

말의 힘은 내 입에서 나간 후 그것이 만들어내는 결과에서 드러난다. 어떤 말은 누군가의 마음에 오래 남아 관계의 모습을 바꾸기도 한다. 얼어붙은 관계를 녹이기도, 따뜻했던 관계를 냉랭하게 만들기도 한다. 분노에 휘둘려 쏜 말은 화살처럼 깊은 상처를 남기고, 숙고 끝에 건넨 말은 단단한 울타리가 되어 누군가를 지켜준다. 결국 화살이 어디에 닿느냐는 쏘기 전의 순간, 곧 우리가 어떤 마음으로 말을 선택하는가에 달려 있다.

이 비유는 우리에게 경고와 동시에 가능성을 준다. 되돌릴 수 없기에 말은 두려운 무기가 되지만, 그만큼 신중히 다루면 따뜻한 힘이 된다. 말을 화살처럼 여기는 순간, 우리는 함부로 내뱉기보다 조심히 겨누고, 가볍게 던지기보다 깊이 숙고하게 된다.

한 번 뱉은 화살처럼 멀리 날아가 상대의 기억 속에 오래 머무른다. 그러므로 우리가 던지는 한마디는 결국 삶의 궤적을 그리는 화살이 된다. 그 화살이 누군가를 다치게 할지, 아니면 힘이 되어줄지는 지금 내 손끝에서 결정된다.

우리에게는 말과 침묵, 두 개의 거울이 모두 필요하다

침묵은 결핍이 아니라 힘이다.
침묵을 지킬 줄 아는 사람은
자신을 잃지 않고, 상황을 통제할 수 있다.
또한 침묵은 듣기의 자리를 열어준다.
상대의 말이 충분히 흘러나올 때까지
귀를 기울이는 침묵은 관계를 깊게 만들고,
신뢰를 쌓는다.

'군자는 말에 신중하고 행동에 민첩하다.'

《논어》

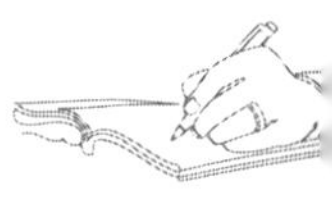

'말은 마음을 비추는 거울이다'라는 말을 자주 들어보았을 것이다. 이는 오래도록 구전된 명언이다. 그리고 이에 덧붙여 '침묵은 마음을 단련하는 시간이다'라는 말도 함께 전해진다. 결국 우리의 말에는 우리 자신이 담겨 있기에 신중하게 말해야 한다는 뜻을 담고 있다. 《논어》에는 이런 말이 있다.

'군자는 말에 신중하고 행동에 민첩하다.'

우리는 모두 말로 자신을 드러낸다. 우리의 입술을 통해 흘러나오는 한마디는 우리 마음의 모습을 고스란히 비춘다. 그리고 말의 다른 형태인 침묵은 말을 신중히 하는 대신 마음을 단련하는 시간과도 같다. 말을 통해 우리는 스스로를 표현하지만, 침묵 속에서 비로소 자신을 다스리기 때문이다. 감정이 앞서 말이 거칠어질 때, 한순간의 침묵은 우리를 멈추게 하고 다시 생각하게 한다. 그 짧은 멈춤은 후회가 될 말을 막아낸다. 그래서 군자란 말에 신중하고 행동은 오히려 민첩하다고 표현한 것일지도 모른다.

침묵은 결핍이 아니라 힘이다. 침묵을 지킬 줄 아는 사람은 자신을 잃지 않고, 상황을 통제할 수 있다. 또한 침묵은 듣기의 자리를 열어준다. 상대의 말이 충분히 흘러나올 때까지 귀를 기울이는 침묵은 관계를 깊게 만들고, 신뢰를 쌓는다.

말과 침묵은 서로 대립하는 것이 아니라 서로를 완성한다. 말은 나를 드러내고, 침묵은 나를 다듬는다. 두 가지가 균형을 이룰 때, 우리의 삶은 더 맑아지고 관계는 더 단단해진다.

이제 나만의 생각을
떠올려보세요.

당신의 생각 한 줄이,
어제의 나를 넘는 다리가 됩니다.

언어가 닿는 곳까지가 나의 세계다

말의 한계는
우리가 세상을 바라보는 방식의 한계다.
더 넓은 세상을 보고 싶다면,
더 깊은 언어로 생각해야 한다.
언어를 배우는 것은 단어를 늘리는 일이 아니라,
시선을 바꾸는 일이다.

"말의 한계가 곧 세계의 한계다."

비트겐슈타인

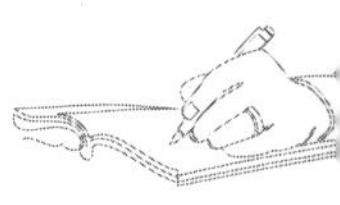

우리는 세상을 있는 그대로 본다고 믿지만, 사실은 언어가 닿는 만큼만 세상을 본다. 이름 붙이지 못한 감정은 흐릿하게 스쳐 지나가고, 표현할 수 없는 경험은 마치 존재하지 않았던 것처럼 사라진다. 오스트리아계의 영국 철학자 비트겐슈타인은 말했다.

　　"말의 한계가 곧 세계의 한계다."

세계는 우리가 눈으로 보는 사물의 총합이 아니라, 우리가 이해하고 말로 표현할 수 있는 세계의 총합이라는 뜻이다. 결국 우리가 가진 언어의 폭만큼, 우리가 인식할 수 있는 세계의 폭이 결정된다. 같은 장면을 바라보아도 사람마다 다르게 느낀다. 누군가에게는 그저 나무 한 그루이지만, 다른 누군가에게는 어린 시절의 그늘이 된다. 그 차이는 '언어의 결'에서 비롯된다. 언어가 풍부한 사람은 세상을 더 섬세하게 본다. "나무가 있다"에서 멈추지 않고, "햇살이 이파리 위로 떨어지며 마음의 그림자를 흔든다"고 표현할 수 있는 사람은 세상을 더 다채롭게 느낀다. 언어가 확장될수록 우리의 감각과 사유도 함께 확장된다.

말의 한계는 우리가 세상을 바라보는 방식의 한계다. 더 넓은 세상을 보고 싶다면, 더 깊은 언어로 생각해야 한다. 언어를 배우는 것은 단어를 늘리는 일이 아니라, 시선을 바꾸는 일이다. 그래서 마음이 닿는 문장을 찾아 천천히 써보는 일은 중요하다. 그 문장이 우리의 언어를 조금 더 넓혀줄 것이므로. 언어가 닿는 곳까지가 우리의 세계라면, 오늘 우리가 써 내려갈 한 줄의 문장은 내일의 세계를 조금 더 멀리 데려다줄 것이다.

멈춤이 이끄는 대화의 깊이

침묵은 말의 부재가 아니라, 관계가 자라는 간격이다.
그 간격이 없으면 대화는 깊어질 틈이 없다.
멈춤을 두려워하지 않는 사람은
대화를 '끊는' 대신 '머무르게' 한다.
그런 사람의 말은 빠르게 사라지지 않고,
오래 머물며 상대의 마음에 잔향을 남긴다.

"아는 자는 말하지 않고,
말하는 자는 알지 못한다."

노자

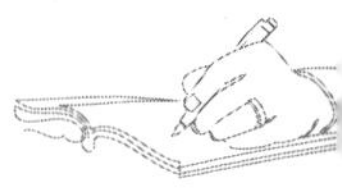

말이란 흐름처럼 이어져야 한다고 생각하기 쉽지만, 진짜 대화는 멈춤 속에서 완성된다. 좋은 악보가 쉼표로 리듬을 만든다면, 좋은 말은 잠깐의 멈춤, 그 사이의 여유로 의미를 완성한다. 그래서 노자는 이렇게 말했다.

　　　　"아는 자는 말하지 않고, 말하는 자는 알지 못한다."

그가 말한 '말하지 않는 것', 즉 멈춤은 소극적 침묵이 아니라 생각이 무르익는 시간이었다.

우리는 대화할 때 종종 '대화가 어색하거나 자연스럽게 이어지지 못하면 어쩌지?' 하며 불안해한다. 그래서 상대가 말하지 않으면 서둘러 채우고, 공백이 생기면 어색함을 견디지 못해 어떤 말이든 자꾸만 꺼내려 한다. 그러나 대화의 공기는 여백 속에서 숨을 쉰다. 멈춤은 생각을 가다듬게 하고, 상대의 말을 되새기게 하며, 그 안에서 진심이 숙성된다. 말이 쉬어가는 동안, 마음은 서로에게 가까워진다.

침묵은 말의 부재가 아니라, 관계가 자라는 간격이다. 그 간격이 없으면 대화는 깊어질 틈이 없다. 멈춤을 두려워하지 않는 사람은 대화를 '끊는' 대신 '머무르게' 한다. 그런 사람의 말은 빠르게 사라지지 않고, 오래 머물며 상대의 마음에 잔향을 남긴다.

말하기의 기술은 말을 이어가는 능력이 아니라, 멈춤을 두려워하지 않는 용기다. 말을 멈추는 순간, 비로소 듣기가 시작되고, 듣기가 시작될 때 진짜 대화가 열린다. 말은 흐름으로 연결되지만, 이해는 멈춤에서 자란다.

우리는 온몸으로 듣고 말한다

|

우리가 누군가와 만났을 때
편안함을 느끼는 이유는
단순히 그의 말이 좋아서가 아니다.
그의 눈빛에서 신뢰를 읽고,
그의 태도에서 존중을 느끼며,
그의 마음이 열려 있음을 감지하기 때문이다.
언어는 하나의 통로일 뿐이고,
그 통로를 따뜻하게 흐르게 하는 것은
온몸으로 건네는 신호들이다.
좋은 대화는 말의 유창함보다
진심 어린 집중에서 만들어진다.

"소통에서 가장 중요한 것은
말하지 않는 것을 듣는 일이다."

피터 드러커

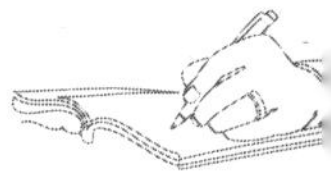

대화를 단순한 언어의 주고받음으로 보지 않은 미국의 경영학자 피터 드러커는 말했다.

"소통에서 가장 중요한 것은 말하지 않는 것을 듣는 일이다."

좋은 대화는 귀로만 듣지 않고, 눈으로 상대의 표정을 읽고, 마음으로 그의 속내를 느끼는 데서 완성되기 때문이다.

누군가와 대화할 때를 떠올려보자. 상대의 말을 한 귀로 듣고 한 귀로 흘리며 무신경하게 대화한다면 어떨까. 아마 그 대화에 나온 이야기들은 겉도는 말들로 포장되어 서로에게 아무런 의미도 주지 못할 것이다. 그래서 대화를 할 때는 '상대의 눈을 보라'고 하는 것이다. 눈을 맞추며 들으면 그 사람의 의도가 보이고, 진의가 보인다. 즉, 말 너머에 담긴 마음과 감정이 발견된다. 또 마음을 기울여 들으면 단어 사이의 침묵과 망설임까지 이해하게 된다. 그러므로 귀로 듣고, 눈을 맞추며, 마음을 읽는 것 등 이 세 가지가 함께 작동할 때 대화는 비로소 깊어진다.

우리가 누군가와 만났을 때 편안함을 느끼는 이유는 단순히 그의 말이 좋아서가 아니다. 그의 눈빛에서 신뢰를 읽고, 그의 태도에서 존중을 느끼며, 그의 마음이 열려 있음을 감지하기 때문이다. 언어는 하나의 통로일 뿐이고, 그 통로를 따뜻하게 흐르게 하는 것은 온몸으로 건네는 신호들이다. 좋은 대화는 말의 유창함보다 진심 어린 집중에서 만들어진다. 귀와 눈과 마음이 함께 쓰일 때, 그 대화는 비로소 두 사람의 온도를 잇는 하나의 연결고리로 변한다.

상대가 떠난 자리에 진짜 말이 남는다

타인의 부재 속에서도 예의를 지킬 수 있는 사람은,
타인뿐 아니라 자기 자신을 존중하는 사람이다.
아무도 없는 자리에서 했던 말들은
반드시 돌아와 내 앞에 서기 때문이다.
언어는 사라지는 소리가 아니라,
삶의 궤적을 따라 되돌아오는
메아리라는 것을 잊어선 안 된다.

"사람이 보이지 않을 때의 행동이
그의 진짜 품격을 말해준다."

새뮤얼 존슨

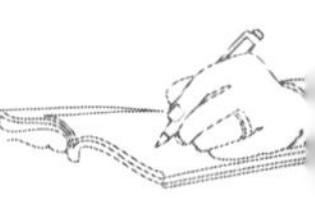

사람은 대체로 누군가 앞에 있을 때는 조심한다. 상대의 눈이 나를 보고 있다는 사실이 자신을 스스로 절제하게 만들고, 그래서 말도 좀 더 다듬어서 하게 된다. 그러나 상대가 자리를 떠난 순간, 우리의 언어는 경계에서 풀려나 진짜 얼굴을 드러낸다. 영국의 시인 새뮤얼 존슨은 이 순간을 향해 이렇게 조언한다.

"사람이 보이지 않을 때의 행동이 그의 진짜 품격을 말해준다."

상대의 부재는 거울처럼 우리를 비춘다. 그 거울 속에서 우리는 자신의 습관적 언어와 내면의 태도를 확인한다. 다른 이가 보지 않아도 존중을 잃지 않는 사람, 없는 자리에서조차 상대의 이름을 함부로 흩뜨리지 않는 사람은 그 자체로 품격을 지닌다. 그것은 의식적인 연극이 아니라, 내면 깊이 새겨진 질서이기 때문이다.

눈앞에서 나누는 것도 대화이지만, 뒷말 또한 대화의 한 부분이다. 누군가가 떠난 자리에서 흘러나온 말이라 하더라도, 사실은 그와의 관계와 관련된 말이지 않던가. 마치 사람의 뒷모습처럼, 눈앞에 보이지는 않지만 사라지지 않는 언어, 그것이 사람의 진짜 인격을 말한다.

남이 없는 자리에서 어떤 말을 남기느냐는 결국 '나는 타인을 어떤 존재로 대하는가'라는 질문과 직결된다. 타인의 부재 속에서도 예의를 지킬 수 있는 사람은, 타인뿐 아니라 자기 자신을 존중하는 사람이다. 아무도 없는 자리에서 했던 말들은 반드시 돌아와 내 앞에 서기 때문이다. 언어는 사라지는 소리가 아니라, 삶의 궤적을 따라 되돌아오는 메아리라는 것을 잊어선 안 된다.

대화는 우리를 비로소 '사람'이 되게 한다

혼자가 좋은 사람도 그 시간이 길어지면
그 외로움을 감당하기란 쉽지 않다.
무엇보다 그 외로움을 깊어지게 하는 건
바로 '대화'의 부재다.
우리는 대화를 통해
'나'라는 사람을 바깥으로 데려가고,
타인을 내 안으로 초대한다.

"우리는 서로 이야기함으로써 인간이 된다."

한나 아렌트

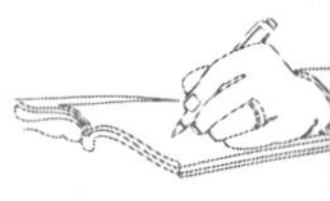

요즘은 '혼자'라는 말이 유행이다. 혼자의 시간은 누구에게나 필요하다. 하지만 사람은 결코 혼자서는 온전히 완성되지 못한다. 아무리 혼자가 좋은 사람도 그 시간이 길어지면 그 외로움을 감당하기란 쉽지 않다. 무엇보다 그 외로움을 깊어지게 하는 건 바로 '대화'의 부재다. 우리는 대화를 통해 '나'라는 사람을 바깥으로 데려가고, 타인을 내 안으로 초대한다. 독일 태생의 유대인 철학사상가 한나 아렌트는 말했다.

"우리는 서로 이야기함으로써 인간이 된다."

침묵 속에 갇힌 생각은 아직 태어나지 않은 씨앗에 가깝다. 입술을 통과하고 귀에 닿을 때, 비로소 관계라는 토양 위에서 싹을 틔운다. 의미 있는 대화는 아름다운 꽃으로 또 열매로 서로의 관계를 풍성하게 한다. 그 풍성함이 우리 삶을 채울 때 우리는 '함께' 그리고 때때로 '혼자'의 모습으로 온전해진다.

대화가 중요한 건 '나'를 넘어서게 해주기 때문이다. 대화를 통해 우리는 나만의 정의를 내려놓고 상대의 사전으로 건너간다. 나를 내려놓고 상대의 말을 우위에 놓는 것, 내가 몰랐던 생소한 상대의 세계를 내 안으로 들이는 일은 사실 쉽지 않다. 하지만 그 수많은 대화 속에서 우리는 더욱 성숙해지고, 또 넓어진다. 무엇보다 함께 나누는 대화는 서로의 기쁨을 두 배로 만들고 아픔을 반으로 만든다. 인간이 된다는 건 바로 그 나눔을 배우는 일이지 않을까.

얼굴 없는 말에는 무게가 있다

우리는 얼굴 없는 대화 속에서
비로소 '언어 그 자체'가 가진 힘을 확인한다.
표정도 억양도 가려진 자리에서 남는 것은
오직 우리가 선택한 단어뿐이다.
정성을 가득 품은 단어는 하루를 설레게 하고,
상대방의 이미지를 떠올리며 좋은 기분을 갖게 한다.
그래서 상냥함은 꾸밈이 아니라,
보이지 않는 상황에서 더욱 요구되는 책임이다.

"상냥함은 언제나 옳다."

달라이 라마

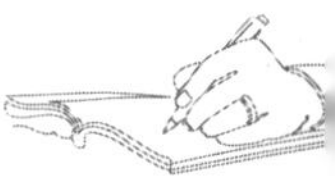

대화는 언제나 마주 앉은 자리에서만 이루어지는 것이 아니다. 때로는 종이 위에, 때로는 화면 속 문자와 음성으로 이루어진다. 특히 요즘은 얼굴 없는 대화가 더 많아졌다. 그러나 모습이 드러나지 않는다고 해서 그 말의 무게가 가벼워지는 것은 아니다. 오히려 그럴수록 말은 더 뚜렷하게 남는다. 티베트의 정신적 지도자 달라이 라마는 말했다.

"상냥함은 언제나 옳다."

그러니 상냥함은 얼굴 없는 대화에서도 사라지지 않아야 한다. 사람은 상대의 표정이나 눈빛을 보지 못하면 말에 담긴 온기를 가늠하기 어렵다. 그렇기에 글이나 메시지 속의 한 문장은 대면보다 더 차갑게 다가올 수 있다. 문자를 보낼 때, 온라인에 글을 남길 때, 우리는 어떤 단어를 선택하는가. 또 어떤 문장을 남기는가. 그때마다 우리는 '상냥함'을 잊지 말아야 한다. 이때의 상냥함은 단순한 친절을 의미하지 않는다. 대화를 살려내는 온기이자 생명선이 된다. 무심코 던진 짧은 글자가 칼처럼 느껴지는 것은 온기가 빠져나갔기 때문이다.

우리는 얼굴 없는 대화 속에서 비로소 '언어 그 자체'가 가진 힘을 확인한다. 표정도 억양도 가려진 자리에서 남는 것은 오직 우리가 선택한 단어뿐이다. 정성을 가득 품은 단어는 하루를 설레게 하고, 상대방의 이미지를 떠올리며 좋은 기분을 갖게 한다. 그래서 상냥함은 꾸밈이 아니라, 보이지 않는 상황에서 더욱 요구되는 책임이다.

진짜 친절은 상대가 보고 있을 때가 아니라, 보지 않을 때 증명된다. 얼굴이 없는 대화에서도 예의를 지킬 수 있는 사람, 그 따뜻함을 잃지 않는 사람이야말로 진정한 품격을 가진 사람이다.

진실은 사람을 불편하게 만들지만,
그 불편함 속에서만 세상은 조금씩 나아간다.
말의 품격은 지식이나 재치에서 오지 않는다.
오직 용기에서 그리고 그 용기를 꺼내는
진실된 마음에서 비롯된다.

"용기는 일어나 말하는 데에도,
앉아서 듣는 데에도 필요하다."

윈스턴 처칠

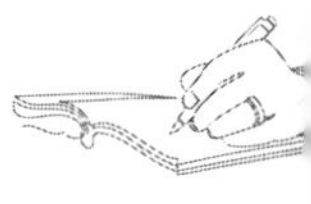

진실을 말하는 일은 언제나 쉽지 않다. 그것은 단순히 '옳은 말을 하는 일'이 아니라, 그 말로 인해 자신이 감당해야 할 무게를 기꺼이 짊어지는 일이기 때문이다. 영국의 정치가 윈스턴 처칠은 말했다.

"용기는 일어나 말하는 데에도, 앉아서 듣는 데에도 필요하다."

이 말은 바로 그 대가를 아는 사람의 언어다.

말을 잘하는 사람은 많다. 하지만 뱉은 말에 반드시 책임지겠다는 생각으로 진심을 담아 말하는 사람은 몇이나 될까. 또 대중의 환호를 얻기 위한 말은 쉽다. 그러나 불편한 진실을 꺼내는 말은 언제나 고독하다. 그 고독함을 감내하기 위해 불편한 진실을 꺼내는 사람도 극히 드물다. 그럼에도 누군가는 그 말을 해야 세상이 바뀐다. 누구도 들여다보지 않는 부분들이 조금이라도 변화하게 된다.

처칠이 한 말은 정치인으로서가 아닌 인간의 책임에 대한 고백에 가깝다. 그는 전쟁의 한복판에서도 진실을 감추지 않았고, 언제나 진실 이후에 감당해야 할 책임을 기꺼이 감내하겠다는 모습을 보여 주었다. "우리는 피와 눈물 그리고 땀을 흘릴 것이다"라고 한 그의 연설이 울림을 남긴 이유는, 화려한 언변이 아니라 그 안의 두려움을 건던 진심 때문이었다.

진실은 사람을 불편하게 만들지만, 그 불편함 속에서만 세상은 조금씩 나아간다. 말의 품격은 지식이나 재치에서 오지 않는다. 오직 용기에서 그리고 그 용기를 꺼내는 진실된 마음에서 비롯된다.

우주의 질서처럼 신비로운 창조적 대화

창조적인 대화는
서로의 생각이 충돌하면서도 부서지지 않고,
오히려 더 넓은 관점을 만들어낸다.
마치 우주의 질서처럼.
대화는 '옳고 그름'의 가리는 일이 아니라
'함께 살아가는 방법'을 찾아가는 여정이기 때문이다.

"대화란 우리 사이를 흐르는
새로운 창조적 흐름이다."

데이비드 보움

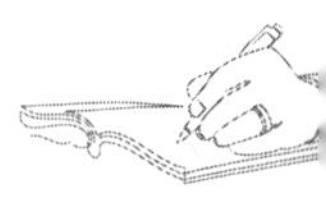

미국의 물리학자 데이비드 보움은 인간이 서로 다른 존재로 살아가
면서도 어떻게 하나의 조화를 이룰 수 있을까를 평생 고민했다. 그
리고 그 해답을 이렇게 내놓았다.

"대화란 우리 사이를 흐르는 새로운 창조적 흐름이다."

이 말은 대화란 서로의 마음을 통과하며 흐르는 '의미의 움직임'임
을 의미한다. 즉, 그에게 대화란 단순히 의견을 주고받는 행위가 아
니라, 서로의 생각이 만나 새로운 의미를 탄생시키는 창조의 과정
이었다. 경쟁이 아니라 공존을 위한 사고의 실험실, 바로 그것이 그
가 말한 '창조적 대화'다.

우리는 흔히 대화를 설득의 수단으로 사용한다. 내 주장을 관철시
키기 위해 말하고, 상대의 말에 즉시 반응하려 한다. 하지만 보움은
말했다. 진짜 대화는 이해시키는 것이 아니라 이해하려는 것이라고.
나의 확신을 잠시 내려놓고, 상대의 말을 통과해 나를 다시 바라볼
때, 새로운 깨달음이 싹튼다. 그것이 바로 창조의 시작이다.

창조적인 대화는 서로의 생각이 충돌하면서도 부서지지 않고, 오히
려 더 넓은 관점을 만들어낸다. 마치 우주의 질서처럼. 대화는 '옳고

그름'의 가리는 일이 아니라 '함께 살아가는 방법'을 찾아가는 여정이기 때문이다. 보움이 말한 화합은 서로의 다름을 지우는 것이 아니라, 다름 속에서 새 질서를 세우는 일이다. 그래서 창조적인 대화는 늘 새로운 세계를 연다. 그것은 완성된 답을 향한 대화가 아니라, 함께 만들어가는 질문의 과정이다.

대화를 통해 우리는 서로의 인간성을 확인한다

듣는다는 것은 말의 의미만 받아들이는 게 아니라,
그 사람의 배경과 감정, 망설임, 두려움까지
함께 받아들이는 일이다.
그 모든 것을 이해하려 노력할 때
상대는 나의 태도에 감동을 받게 된다.
내가 자신을 존엄한 존재로 대하고 있으며,
있는 그대로를 존중하고 있다고 느낀다.
이렇게 우리는 함께 나누는 대화를 통해서
나 자신의 인간성을 확인하고
또한 상대의 인간성을 확인하게 된다.

"진정한 경청은 상대에 대한
가장 깊은 존중의 표현이다."

칼 로저스

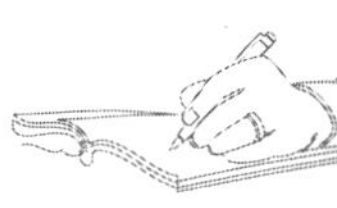

미국의 심리학자 칼 로저스는 말했다.

"진정한 경청은 상대에 대한 가장 깊은 존중의 표현이다."

여기서 말하는 '경청'은 상대의 이야기를 '듣고 있는' 행위를 넘어 그 사람의 모든 것을 받아들인다는 뜻이다. 그것은 존엄과 공감 그리고 서로를 이해하려는 마음에서 드러나는 인간다운 본질을 가리킨다.

인간성은 물건처럼 손에 쥘 수 있는 것이 아니라, 관계 속에서만 증명된다. 누군가 내 이야기를 진심으로 들어줄 때, 나는 '존재로서 존중받고 있다'는 사실을 느낀다. 반대로 내가 그의 말을 귀 기울여 듣는 순간, 그도 자신의 삶이 무시되지 않고 가치 있음을 깨닫는다. 인간성은 혼자 있을 때보다, 서로를 바라보고 말을 건네는 과정에서 비로소 드러나는 것이다.

듣는다는 것은 말의 의미만 받아들이는 게 아니라, 그 사람의 배경과 감정, 망설임, 두려움까지 함께 받아들이는 일이다. 그 모든 것을 이해하려 노력할 때 상대는 나의 태도에 감동을 받게 된다. 내가 자신을 존엄한 존재로 대하고 있으며, 있는 그대로를 존중하고 있다고 느낀다. 이렇게 우리는 함께 나누는 대화를 통해서 나 자신의 인간성을 확인하고 또한 상대의 인간성을 확인하게 된다.

그러니 대화란 결국 서로가 서로를 사람답게 만들어주는 과정이 아니고 무엇이겠는가. 귀 기울여 듣고 솔직하게 말할 때, 우리는 인간성의 본모습, 즉 존중과 공감 그리고 이해를 서로에게 새겨준다. 그것이 바로 대화가 인간을 인간답게 만드는 이유다.

이제 나만의 생각을
떠올려보세요.

대화란 서로 다른 두 세계가 만나는 것

설득하려는 마음은 경계심을 키우지만,

이해하려는 태도는 상대의 문을 부드럽게 열어준다.

우리는 대화를 통해 종종 설득보다 더 큰 것을 얻는다.

상대가 바뀌지 않아도,

나는 그의 세계를 조금 더 넓게 바라보게 된다.

그렇게 쌓인 이해는 설득보다 오래간다.

이해는 상대를 바꾸려는 힘이 아니라,

서로의 다름을 존중하며 함께 설 자리를 찾는 힘이기 때문이다.

**"이기는 대화는 없다.
이해시키는 대화만 있을 뿐이다."**

마티아스 뇔케

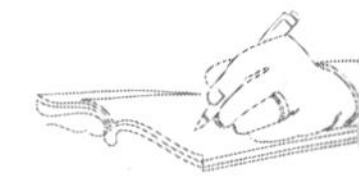

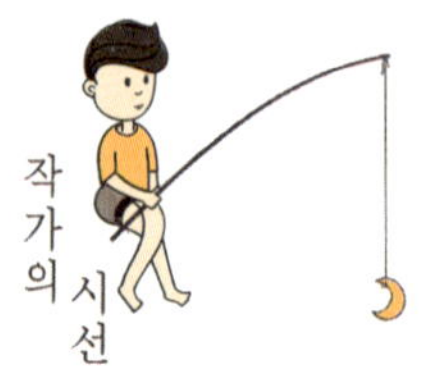

독일의 커뮤니케이션 전문가 마티아스 널케는 대화의 본질을 간결하게 표현했다.

"이기는 대화는 없다. 이해시키는 대화만 있을 뿐이다."

많은 사람이 대화에서 '내가 옳음을 증명하고 상대를 바꾸는 것'을 성공이라 여긴다. 하지만 그렇게 하면 대화는 곧 논쟁이 되고, 관계는 승부의 장이 되어버린다. 승부의 장에선 누구나 날이 서고, 오직 '이기는 것'에만 초점을 맞출 수밖에 없다. 그 대화가 성숙하게 흘러가기란 쉽지 않다.

그러나 이해를 목표로 하는 대화는 전혀 다른 길을 걷는다. 상대의 의견이 나와 다르더라도, 그가 어떤 경험과 맥락 속에서 그런 말을 하게 되었는지 묻고 들어주게 된다. "왜 그렇게 말했어?"라는 단순한 추궁이 아니라 "그 생각이 나오게 된 배경은 무엇이었어?"라는 질문은 상대의 세계로 들어가는 문을 연다.

설득하려는 마음은 경계심을 키우지만, 이해하려는 태도는 상대의 문을 부드럽게 열어준다. 우리는 대화를 통해 종종 설득보다 더 큰 것을 얻는다. 상대가 바뀌지 않아도, 나는 그의 세계를 조금 더 넓게 바라보게 된다. 그렇게 쌓인 이해는 설득보다 오래간다. 이해는 상대를 바꾸려는 힘이 아니라, 서로의 다름을 존중하며 함께 설 자리를 찾는 힘이기 때문이다. 대화란 결국, 누가 이겼는지를 가르는 경기가 아니다. 서로 다른 두 세계가 만나 새로운 통찰을 만들어내는 창이다. 닐케의 말처럼, 좋은 대화는 언제나 설득을 넘어 이해로 나아간다.

듣는 태도에서 품격이 묻어난다

언어는 그 사람을 평가하는 거울이다.
그러므로 언어는 얼마나 사람을 존중할 줄 아는가와 같다.
즉, 사람의 말이 흘러갈 수 있는 공간을 만들어주는 일이다.
그 공간을 만들기 위해서는 인내가 필요하다.
내가 하고 싶은 말을 참을 줄 아는 마음,
상대의 의견에 기꺼이 마음의 방 하나를 내어주겠다는
용기 말이다.

"우리는 매일같이
우리가 하는 말로 평가받는다."

데일 카네기

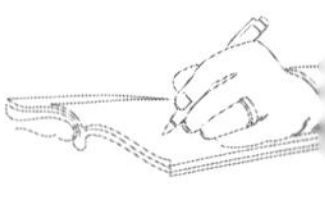

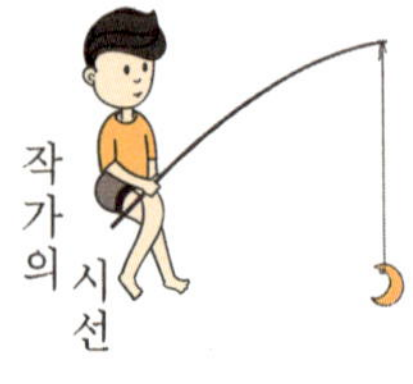

"우리는 매일같이 우리가 하는 말로 평가받는다."

이는 미국의 자기계발 선구자 데일 카네기의 말로, 언어가 단순히 '전달의 수단'이 아니라 인간됨을 비추는 거울임을 일깨운다. 우리는 누군가가 한 말을 통해 그 사람을 판단하기 마련이다. 그렇다면 우리의 품격은 무엇을 통해 드러날까?

그건 바로 '듣는 태도'다. 말을 잘하는 사람은 많다. 그러나 상대의 말을 끝까지 들어주는 사람은 드물다. 우리는 대화를 나누면서도 상대의 말을 들으려 하기보다, 언제 끼어들어야 할지를 계산하곤 한다. 그러나 카네기의 말처럼 언어는 그 사람을 평가하는 거울이다. 그러므로 언어는 얼마나 사람을 존중할 줄 아는가와 같다. 즉, 사람의 말이 흘러갈 수 있는 공간을 만들어주는 일이다. 그 공간을 만들기 위해서는 인내가 필요하다. 내가 하고 싶은 말을 참을 줄 아는 마음, 상대의 의견에 기꺼이 마음의 방 하나를 내어주겠다는 용기 말이다.

덧붙이자면, 듣는다는 것은 단순히 귀로 받아들이는 행위가 아니다. 그건 상대의 세계로 잠시 들어가 보는 일 그리고 그 안에서 판단 대신 이해를 선택하는 일이다. 누군가를 이해하고, 그를 있는 그대로 바라보는 일은 참 쉽지 않다. 그래서 우리는 '듣는 일'을 통해 품격을 볼 수 있다고 말하는 것이다. 잘 듣는 사람은 그만큼 겸손하고, 또 남을 존중할 줄 아는 사람일 것이다.

말은 나를 드러내지만, 듣기는 나를 완성한다. 좋은 말을 하는 법보다 좋게 듣는 법을 배우는 것이, 어쩌면 인간다운 대화의 출발일지도 모른다.

따뜻한 사람이 남긴 말에선 아름다운 향기가 난다

남을 평가하지 않고, 들리지 않는 자리에서도
곱게 말하는 태도는
그 사람의 마음이 어떤 결을 지녔는지를 보여준다.
품격이란 결국,
누가 없을 때조차
그를 배려하는 마음의 습관이다.

"예의는 우리가 제대로 평가하지 못하는
혜택 중 하나이며,
그 가치가 분명해지는 것은
그것이 사라졌을 때이다."

새뮤얼 존슨

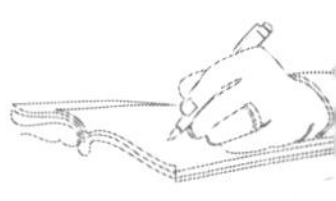

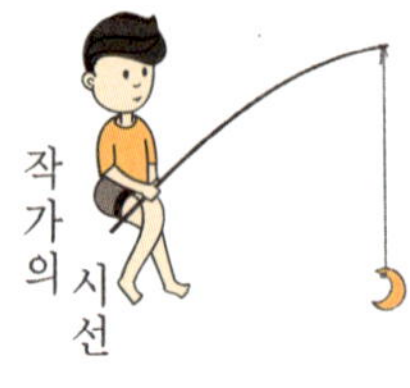

예의 바른 사람을 볼 때면 나도 모르게 기분이 좋아진다. 겸손하면서도 정돈된 상대의 말과 표정으로 인해 덩달아 좋은 태도를 갖추게 된다. 그의 품격에 맞춰 나의 품격도 갖춰지는 느낌을 받는다. 좋은 태도는 그처럼 상대를 바꾸는 힘이 있다. 또한 품격이란 이렇게 드러나는 것이 아니라 사람과 사람을 통해 스며드는 것이다. 그리고 사람 사이의 예의가 가장 잘 드러날 때는 바로 '보이지 않을 때'다. 새뮤얼 존슨은 말했다.

"예의는 우리가 제대로 평가하지 못하는 혜택 중 하나이며, 그 가치가 분명해지는 것은 그것이 사라졌을 때이다."

그의 말은 예절의 겉모습이 아니라, 사람의 향기에 대한 이야기다. 어떤 사람은 자리를 떠난 뒤에도 공간에 따뜻함을 남기고, 어떤 사람은 말없이 사라져도 그 여운이 오래 머문다. 그것이 보이지 않는 품격의 향기다. 눈앞에서 하는 친절은 쉽다. 그러나 부재의 순간까지 온기를 남기는 사람은 드물다. 남을 평가하지 않고, 들리지 않는 자리에서도 곱게 말하는 태도는 그 사람의 마음이 어떤 결을 지녔는지를 보여준다. 품격이란 결국, 누가 없을 때조차 그를 배려하는 마음의 습관이다.

누군가의 목소리가 사라진 뒤에도 남는 건 그의 말씨가 아니라 말의 온도, 그의 행동이 아니라 행동의 결이다. 진짜 예의는 누군가를 향해 꾸미는 제스처가 아니라, 세상을 대하는 기본자세에서 배어 나온다.

존슨이 말한 품격은 보이는 곳에서 타인을 향해 베푸는 친절이 아닌, 보이지 않는 곳에서 지키는 예의로부터 비롯된다. 그래서 이를 '나를 지키는 고요한 약속'이라고 여겼다. 남이 보든 안 보든 늘 같은 모습으로 서 있을 수 있는 사람, 그가 사라진 곳에는 허전함이 아닌 아름다운 향기만이 남는다.

들린다고 다 이해되는 건 아니다

진짜 소통은 말의 왕래가 아니라
마음의 이동에서 비롯된다.
말은 빠르지만, 이해는 느리다.
대화가 끝나고 난 뒤,
말의 잔향이 가라앉을 때야 비로소
우리는 무엇을 들었는지를 깨닫는다.
대화란 완성되는 것이 아니라,
끊임없이 수정되고 새겨지는 과정이다.

"소통에서 가장 큰 문제는,
그것이 이루어졌다고
착각하는 것이다."

조지 버나드 쇼

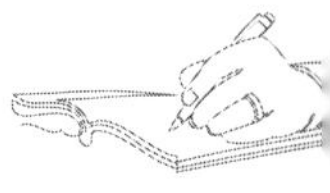

1925년 노벨 문학상을 받은 조지 버나드 쇼를 알 것이다. 그는 극작가 출신 평론가로 세대를 넘어 인정받는 수많은 작품을 남겼다. 그는 날카로운 사회 풍자와 지적 유머를 바탕으로 근대 희곡의 지평을 확장한 극작가로 평가된다. 그는 말, 글과 관련해서도 주옥같은 말들을 많이 남겼는데, 그중에서도 사람과 사람 사이의 소통에 대해 이런 심오한 말을 남겼다.

"소통에서 가장 큰 문제는, 그것이 이루어졌다고 착각하는 것이다."

서로의 말을 듣고, 고개를 끄덕이며, 미소를 주고받는 순간 우리는 이미 통했다고 믿는다. 그러나 진짜 소통은 말의 왕래가 아니라 마음의 이동에서 비롯된다. 말은 빠르지만, 이해는 느리다. 대화가 끝나고 난 뒤, 말의 잔향이 가라앉을 때야 비로소 우리는 무엇을 들었는지를 깨닫는다. 사람은 종종 창문이 아니라 벽을 향해 말한다. 상대에게 말을 건다고 믿지만, 사실은 자신의 생각이 부딪혀 돌아오는 소리를 듣고 있을 뿐이다. 그래서 말은 오가지만 마음은 제자리를 맴돈다. 듣는다는 것은 단순히 소리를 받아들이는 일이 아니라,

상대의 세계에 잠시 머무는 일이다. 그 사람의 언어로 생각하고, 그의 감정의 온도로 세상을 느껴보는 일이다. 그러나 우리는 대부분 이미 결론을 품은 채 듣는다. 그래서 대화는 메아리처럼 돌아오고, 이해는 닿지 못한 채 흩어진다. 쇼의 말은 그 착각을 깨뜨린다. '이해했다'는 말 뒤에는 언제나 오해가 숨어 있다. 대화란 완성되는 것이 아니라, 끊임없이 수정되고 새겨지는 과정이다.

그러니 들린다고 해서 다 이해되는 것은 아니다. 듣는다는 것은 귀로 소리를 잡는 일이 아니라, 그 소리 너머에 있는 모든 걸 함께 듣는 일이다. 소통은 말로 완성되지 않는다. 말 이면에 소리가 닿지 않는 곳에서 조용히 자라나는, 이해라는 또 하나의 언어를 통해 완성된다.

내가 아는 지식의 양보다 중요한 것

제대로 아는 사람, 내공이 있는 사람은
복잡한 것을 단순하게, 어려운 것을 편안하게 풀어낸다.
그 말에는 지식의 무게보다
상대방에 대한 배려가 담겨 있기에
굳이 어려운 말들로 자신을 드러내려 하지 않는다.
그래서 그의 말은 가르치지 않아도
배우게 만들고, 설득하지 않아도 따르게 한다.

'말해야 할 것을 아는 것만으로는
충분하지 않다.
어떻게 말하느냐 또한 중요하다.'

아리스토텔레스, 《수사학》

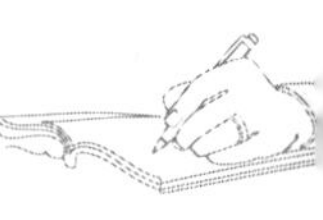

우리는 하루에도 수십, 아니 수백 가지씩 갖가지 생각을 떠올린다. 그중에는 이미 아는 생각을 다듬은 것, 지난 생각을 되짚어보는 것, 새롭게 떠올린 생각 등 많은 것이 포함된다. 하지만 이러한 생각들은 머릿속에만 있을 땐 누구도 알지 못하는 머릿속 그림에 불과하다. 아무리 많은 지식과 창의적인 생각도 세상에 닿지 않으면 그 의미를 알 수 없게 된다. 또 그 사람이 어떤 좋은 점을 지녔는지, 얼마나 깊은 생각을 지녔는지도 그 사람의 생각을 말하지 않으면 알기가 힘들다. 그래서 아리스토텔레스는《수사학》에서 말했다.

'말해야 할 것을 아는 것만으로는 충분하지 않다. 어떻게 말하느냐 또한 중요하다.'

그는 지식의 양보다 지식을 나누는 방식, 즉 언어의 품격이 사람의 깊이를 드러낸다고 보았다.

'안다'라는 건 혼자서도 가능한 일이지만, 이를 이해시키고 전달하는 건 항상 타인을 전제로 한다. 말은 누군가에게 그 지식을 가치 있게 전달할 수 있는 가장 효율적인 도구다. 이렇게 하나의 '앎'과 생각을 누군가에게 전달할 때는 그 방법이 무척 중요하다. 제대로 아는 사람, 내공이 있는 사람은 복잡한 것을 단순하게, 어려운 것을 편안하게 풀어낸다. 그 말에는 지식의 무게보다 상대방에 대한 배려가 담겨 있기에 굳이 어려운 말들로 자신을 드러내려 하지 않는다. 그래서 그의 말은 가르치지 않아도 배우게 만들고, 설득하지 않아도 따르게 한다.

아리스토텔레스가 말한 '힘'은 지식의 양에서 오는 권위가 아니라, 사람을 이해시키는 언어의 윤리에 가깝다. 많이 아는 사람보다 잘 말하는 사람이 더 큰 울림을 남기는 이유가 바로 여기에 있다.

마음을 건네는 소통이란

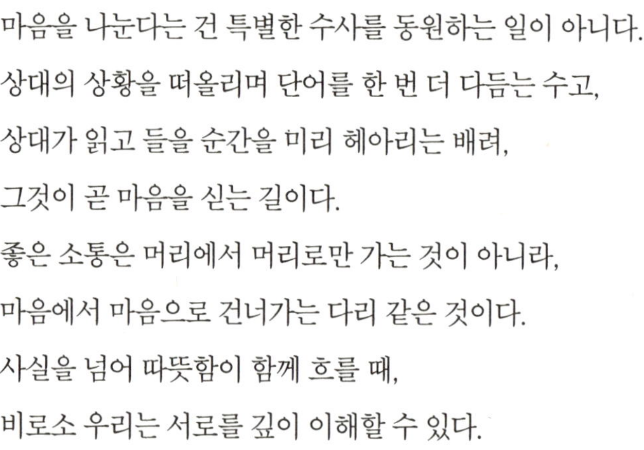

마음을 나눈다는 건 특별한 수사를 동원하는 일이 아니다.
상대의 상황을 떠올리며 단어를 한 번 더 다듬는 수고,
상대가 읽고 들을 순간을 미리 헤아리는 배려,
그것이 곧 마음을 싣는 길이다.
좋은 소통은 머리에서 머리로만 가는 것이 아니라,
마음에서 마음으로 건너가는 다리 같은 것이다.
사실을 넘어 따뜻함이 함께 흐를 때,
비로소 우리는 서로를 깊이 이해할 수 있다.

"누군가가 당신을 판단하지 않고
진정으로 들어줄 때,
그것은 기분이 참 좋다."

칼 로저스

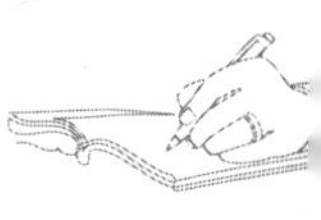

많은 사람이 '소통'이라는 말을 오해한다. 즉, 소통이라고 하면 정보 교환 정도로 인식하는 경우가 많다. 누가 언제, 무엇을, 어떻게 할지를 정확히 전달하면 충분하다고 생각한다. 그러나 칼 로저스는 한 걸음 더 나아가 이렇게 말했다.

"누군가가 당신을 판단하지 않고 진정으로 들어줄 때, 그것은 기분이 참 좋다."

진심으로 들어줌이 결여된, 정보만 전하는 대화는 메마른 기록처럼 남는다. 요즘은 SNS를 통해 얼굴을 보지 않은 채 많은 대화를 나눈다. 그때마다 할 말만 하고 끝내버리는 모습에서 우리는 얼마나 많은 상처를 받게 되던가. 정성껏 보낸 메시지에 단답형 대답을 볼 때면 나에 대한 존중이 느껴지지 않아 서운함을 느끼곤 한다. 하지만 마음이 담긴 대화는 기억 속에 오래 머문다. 같은 '괜찮습니다'라는 말도 건조하게 쓰면 형식에 그치지만, 따뜻한 눈빛이나 작은 배려와 함께라면 안심이 된다. SNS상에서도 다양한 표현방식을 통해 조금 더 온기를 담는다면 훨씬 다정함을 느끼게 된다. 우리가 주고받는 말의 핵심은 사실보다 태도에 있다.

마음을 나눈다는 건 특별한 수사를 동원하는 일이 아니다. 상대의 상황을 떠올리며 단어를 한 번 더 다듬는 수고, 상대가 읽고 들을 순간을 미리 헤아리는 배려, 그것이 곧 마음을 싣는 길이다. 짧은 메시지 하나에도 '나는 너를 판단하기보다 존중하고 있다'는 숨결이 배어들 수 있다.

좋은 소통은 머리에서 머리로만 가는 것이 아니라, 마음에서 마음으로 건너가는 다리 같은 것이다. 사실을 넘어 따뜻함이 함께 흐를 때, 비로소 우리는 서로를 깊이 이해할 수 있다.

서로를 이해하기 위한 말의 용기

말은 마음의 다리다.
서로를 향한 진심 어린 한마디가
세상의 두려움을 녹이고, 닫힌 마음을 연다.
우리가 대화를 멈추는 순간 세상은 멀어지고,
대화를 시작하는 순간 세상은 다시 가까워진다.
말은 사람을 변화시키는 가장 부드러운 힘이며,
그 힘은 언제나 이해에서 비롯된다.

"사람들이 서로 어울리지 못하는 이유는
서로를 두려워하기 때문이다.
그들이 서로를 두려워하는 이유는
서로를 알지 못하기 때문이다.
그리고 서로를 알지 못하는 이유는
대화하지 않았기 때문이다."

마틴 루터 킹

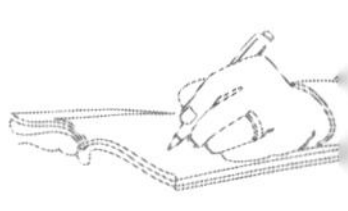

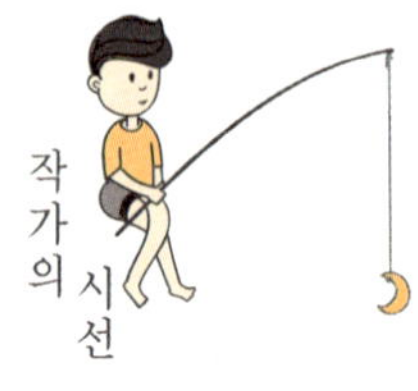

미국의 침례교회 목사이자 흑인해방운동가 마틴 루터 킹은 폭력 대신 대화를 택했고, 증오 대신 이해를 말했으며, 침묵 대신 용기를 선택했다. 그의 말은 분노의 언어가 아니라 두려움을 녹이는 언어였다. 그는 말했다.

"사람들이 서로 어울리지 못하는 이유는 서로를 두려워하기 때문이다. 그들이 서로를 두려워하는 이유는 서로를 알지 못하기 때문이다. 그리고 서로를 알지 못하는 이유는 대화하지 않았기 때문이다."

그의 연설은 인간 사이의 단절을 치유하는 선언이었다.
우리는 종종 말보다 행동이 중요하다고 말하지만, 킹은 '말이야말로 행동의 시작'임을 증명했다. 말하지 않으면 서로를 알 수 없고, 알지 못하면 결국 두려움만 자란다. 그래서 그는 대화를 '용기의 다른 이름'으로 여겼다. 대화란 상대를 설득하는 일이 아니라, 두려움을 이해로 바꾸는 과정이기 때문이다. 말의 힘은 그 내용보다 그 말이 만들어내는 관계의 변화에 있다.
그의 언어에는 단호함과 온기가 공존했다. 정의를 외치면서도 그는 상대를 적으로 규정하지 않았다. 서로 다른 생각 속에서도 존엄을 잃지 않는 말의 태도가 그의 품격이었다. 그래서 그의 연설은 시간과 공간을 넘어 오늘의 우리에게도 여전히 유효하다. 대화가 끊긴 곳에서 갈등은 자라고, 말이 닿는 곳에서 관계는 회복된다.

말은 마음의 다리다. 서로를 향한 진심 어린 한마디가 세상의 두려움을 녹이고, 닫힌 마음을 연다. 우리가 대화를 멈추는 순간 세상은 멀어지고, 대화를 시작하는 순간 세상은 다시 가까워진다. 말은 사람을 변화시키는 가장 부드러운 힘이며, 그 힘은 언제나 이해에서 비롯된다. 오늘 우리의 말 한마디가 누군가의 마음을 향한 첫 걸음이 되길 바란다.

대화는 함께 진실로 다가가는 과정이다

사람은 논리보다 진심에,

주장보다 공감에 설득되는 존재가 아니던가.

좋은 대화는 상대를 굴복시키는 기술이 아니라,

함께 이해에 도달하는 과정이다.

그 속에는 자기 확신이 아니라

겸손과 경청의 윤리가 깃들어 있다.

'수사술이란 단어를 통해
영혼을 이끄는 기술에 지나지 않는다.'

《플라톤의 대화록》

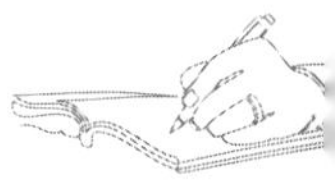

플라톤이 남긴 대화록은 엄청난 통찰력으로 오늘날까지 우리에게 전해진다. 그가 남긴 주옥같은 말들은 세상의 이치를 깨치고 한 걸음 다가가는 데 큰 도움을 준다. 그런데 그가 소통한 방식을 살펴보면 그는 일방적으로 연설하는 방법을 선택하지 않았음을 알 수 있다. 그는 늘 묻고, 기다리고, 다시 물었다. 그의 철학은 가르침이 아니라 대화라는 형태의 진실 탐구였다. 그래서 그의 말은 강단이 아니라 광장에서, 논문이 아니라 사람 사이에서 자라났다. 플라톤은 이렇게 논했다.

'수사술이란 단어를 통해 영혼을 이끄는 기술에 지나지 않는다.'

연설은 한 방향으로 흐르지만, 대화는 양쪽의 마음을 오가며 열린 공간을 만든다. 연설이 논리를 세우는 상대에게 내가 아는 것을 전달하는 한 방향의 일이라면, 대화는 관계를 세우고 서로가 아는 것을 주고받는 양방향의 일이다. 사람은 논리보다 진심에, 주장보다 공감에 설득되는 존재가 아니던가. 좋은 대화는 상대를 굴복시키는 기술이 아니라, 함께 이해에 도달하는 과정이다. 그 속에는 자기 확신이 아니라 겸손과 경청의 윤리가 깃들어 있다.

플라톤이 말한 수사술은 상대를 이기기 위한 기술이 아니다. 그는
대화를 통해 서로가 더 나은 생각에 도달하길 원했다. 대화는 상대
의 마음을 설득하기보다, 함께 진실에 설득되는 과정이다.

말 없는 존재들의 대화에서 배우다

자연은 대답을 서두르지 않는다.

나무가 꽃을 피우기까지의 시간,

씨앗이 흙을 뚫고 나오는 인내 속에는

'때'라는 언어가 있다.

자연은 우리에게 알려준다.

소통은 말의 속도가 아니라,

기다림의 깊이에서 자란다는 것을.

"자연 가까이에 머물러 있으라.
그 단순함 속에, 거의 눈에 띄지 않는 작음 속에
뜻밖에도 위대하고 헤아릴 수 없는 것들이
깃들어 있을 것이다."

라이너 마리아 릴케

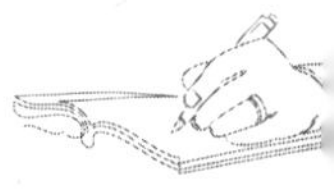

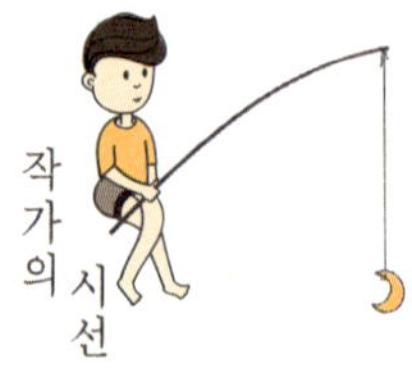

우리는 흔히 말을 인간만의 특권이라 여긴다. 그러나 자세히 들여다보면, 세상은 언제나 무언의 대화로 가득 차 있다. 바람은 나무의 잎을 흔들며 계절의 안부를 전하고, 해바라기는 해를 향해 고개를 돌리며 하루의 인사를 건넨다. 말은 없지만, 분명한 언어가 있다. 체코의 시인 라이너 마리아 릴케는 말했다.

"자연 가까이에 머물러 있으라. 그 단순함 속에, 거의 눈에 띄지 않는 작음 속에 뜻밖에도 위대하고 헤아릴 수 없는 것들이 깃들어 있을 것이다."

식물도 우리에겐 침묵하는 듯하지만, 모두가 제 방식으로 말한다. 꽃은 빛으로, 나무는 뿌리로, 서로의 존재를 알아본다. 햇살이 머문 자리에서 피어나는 잎의 떨림, 바람에 따라 몸을 기울이는 풀잎의 리듬, 그 모든 것이 하나의 언어다. 자연의 대화는 말보다 느리고 조용하지만, 거짓이 없다. 기다림과 순환 속에서, 세상은 쉼 없이 말을 주고받는다.
인간의 언어가 종종 오해를 낳는 이유는 너무 서두르기 때문이다. 우리는 즉각적인 반응을 원하고, 대답이 늦으면 불안해한다. 그러나 자연은 대답을 서두르지 않는다. 나무가 꽃을 피우기까지의 시간, 씨앗이 흙을 뚫고 나오는 인내 속에는 '때'라는 언어가 있다. 자연은 우리에게 알려준다. 소통은 말의 속도가 아니라, 기다림의 깊이에서 자란다는 것을.

말 없는 존재들에게 귀 기울이는 일은 결국 자신을 듣는 일이다. 나무의 침묵 속에는 세월이 있고, 바람의 속삭임에는 생명이 있다. 언어는 그 모든 존재의 숨결에서 시작된다. 인간의 말이 종종 공허한 이유는, 그 근원을 잊었기 때문이다. 진짜 대화는 자연이 보여주는 방식처럼, 조용히 듣고 천천히 반응하는 일이다.

이제 나만의 생각을
떠올려보세요.

필사는 마음을 비추는 거울이고,
생각은 그 거울에 비친 나의 얼굴입니다.

———— ◆ ————

글은
사라지는 시간을 붙잡는 그릇이다.
기록된 문장은 세월을 건너 영혼과 영혼을 이어준다.

글을
깨우다

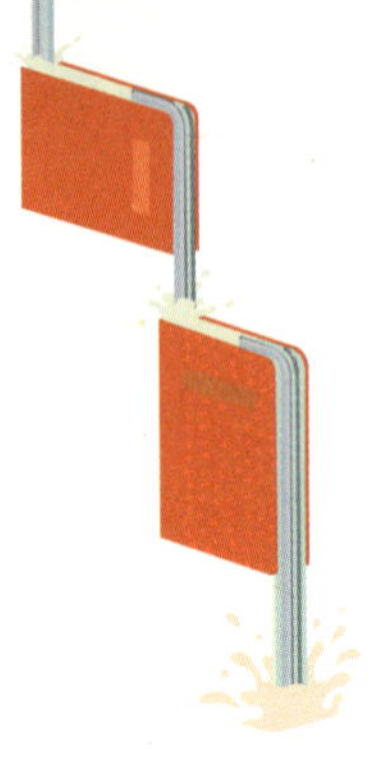

하루 한 장, 나를 정리하는 시간이 필요한 이유

매일 한 장씩 써 내려가는 시간은
나 자신과 마주하는 시간이 된다.
그것은 거울 앞에 서는 일과도 같다.
오늘 내가 어떤 생각을 품었는지,
무엇에 흔들렸는지, 어디에서 웃었는지를
글 속에서 발견하게 된다.
그렇게 스스로를 들여다보는 시간이 쌓이면,
우리는 조금 더 단단하고,
조금 더 온화한 사람이 되어간다.

"글쓰기는 곧 생각하는 일이다.
잘 쓴다는 것은
곧 명확하게 생각한다는 뜻이다."

데이비드 맥컬러

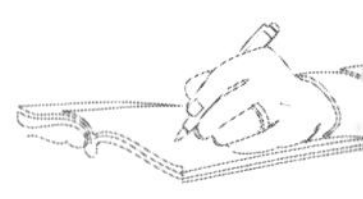

우리는 하루에도 수많은 일을 겪고, 수많은 감정을 지나친다. 그러나 정작 그 모든 순간을 돌아보고 정리할 틈은 좀처럼 갖지 못한다. 마음속은 점점 어지럽고, 생각은 미처 다 풀리지 못한 실타래처럼 얽힌다. 그럴 때 필요한 것이 바로 글쓰기다. 역사학자이자 작가인 데이비드 맥컬러는 말했다.

> "글쓰기는 곧 생각하는 일이다. 잘 쓴다는 것은 곧 명확하게 생각한다는 뜻이다."

글을 쓰는 일은 마음의 먼지를 털어내고, 복잡한 감정들을 차분히 자리에 놓는 행위다.

하루 한 장이라도 글을 쓰면, 마음속에 떠다니던 파편들이 문장 속에서 제자리를 찾는다. 막연했던 불안은 단어로 이름을 얻으면서 구체적인 얼굴을 갖게 되고, 정리되지 않던 기쁨은 글 속에서 다시 빛난다. 쓰지 않았다면 잊혔을 작은 순간들이 기록 속에서 살아나 나를 위로하기도 한다. 글쓰기는 외부의 평가를 위한 기술이 아니라, 내면을 맑게 하는 연습이다.

매일 한 장씩 써 내려가는 시간은 나 자신과 마주하는 시간이 된다.

그것은 거울 앞에 서는 일과도 같다. 오늘 내가 어떤 생각을 품었는지, 무엇에 흔들렸는지, 어디에서 웃었는지를 글 속에서 발견하게 된다. 그렇게 자신을 스스로 들여다보는 시간이 쌓이면, 우리는 조금 더 단단하고, 조금 더 온화한 사람이 되어간다.

하루 한 장의 글쓰기는 사소해 보이지만, 그 사소함 속에 삶을 지탱하는 힘이 있다. 글은 어제를 정리하고 오늘을 맑히며 내일을 준비하게 한다. 그래서 오늘도 한 장의 기록이 우리에게 필요한 것이다.

글을 쓰는 순간, 삶은 다시 빛난다

무심히 지나친 꽃이
글 속에서는 다시 피어나고,
언뜻 스쳐 간 대화가 기록 속에서는 오래된 울림이 된다.
쓰는 순간, 우리는 이미 경험한 삶을 다시 살게 된다.
삶은 경험으로만 지나가면 금세 잊히지만,
기록으로 남을 때 다시금 영원성을 얻는다.

"글쓰기는 삶을 두 번 살게 한다.
한 번은 경험으로, 또 한 번은 기록으로."

아나이스 닌

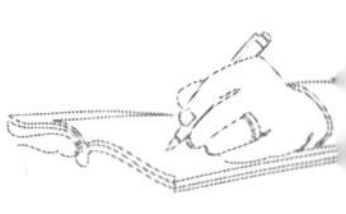

삶은 흘러가고, 순간은 곧 사라진다. 우리가 느낀 기쁨도, 아픔도, 시간이 지나면 점점 희미해진다. 그러나 글을 쓰는 사람은 그 순간을 다시 불러내어 새로운 빛을 입힌다. 프랑스 소설가 아나이스 닌은 말했다.

"글쓰기는 삶을 두 번 살게 한다. 한 번은 경험으로, 또 한 번은 기록으로."

글에는 과거를 다시 현재로 불러내는 힘이 있다.

하루 동안의 사소한 일도 글로 적어두면 다른 얼굴을 갖게 된다. 무심히 지나친 꽃이 글 속에서는 다시 피어나고, 언뜻 스쳐 간 대화가 기록 속에서는 오래된 울림이 된다. 쓰는 순간, 우리는 이미 경험한 삶을 다시 살아가는 것이다. 삶은 경험으로만 지나가면 금세 잊히지만, 기록으로 남을 때 다시금 영원성을 얻는다.

글을 쓰는 일은 곧 자신에게 시간을 선물하는 일이다. 한 번 흘러가 버렸을 하루를 다시 붙잡아 나만의 언어로 정리할 때, 삶은 단순한 흐름이 아니라 의미로 남는다. 그래서 글을 쓰는 사람은 조금 더 깊이 살아간다. 같은 하루를 살았어도, 그 하루를 기록한 이는 두 번의 삶을 살기에.

오늘도 내 삶의 한 장면을 글로 옮겨본다. 그 순간 나는 어제의 나와 다시 만나고, 내일의 나를 준비한다. 글을 쓰는 순간, 삶은 사라지지 않고 다시 빛난다.

기록은 모래가 아닌 단단한 토양 위에 삶을 짓는 것과 같다

기록은 단순한 메모가 아니다.
그것은 내 삶을 다시 정리하고 의미를 불어넣는 행위다.
짧은 문장이라도 적어두면,
나중에 그것은 또 다른 사유의 씨앗이 되어 자라난다.
오늘 적어둔 한 줄의 기록이 내일의 길을 밝히고,
언젠가는 누군가에게 건네줄 지혜가 된다.

'가장 엷은 잉크가
가장 좋은 기억보다 낫다.'

중국 속담

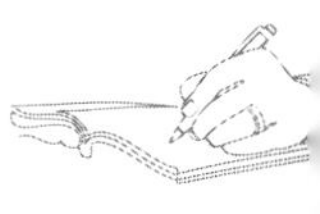

우리는 하루에도 수많은 생각을 품는다. 길을 걷다 떠오른 아이디어, 책을 읽다 마음에 스친 문장, 대화를 하다 문득 느낀 깨달음. 그러나 그것들을 기록하지 않으면 대부분은 금세 흩어져버린다.

'가장 엷은 잉크가 가장 좋은 기억보다 낫다.'

이는 중국 속담으로, 기록하지 않으면 금방 사라져버린다는 뜻이다. 즉, 기록하지 않은 생각은 모래 위에 쓴 글자와 같아서 금세 기억 속에서 흩어진다.

모래 위에 남긴 발자국은 파도에 지워지고, 바람에 흩날린다. 마찬가지로 기록되지 않은 생각은 기억 속에서 오래 머물지 못한다. 순간의 번뜩임은 시간이 지나면 흔적조차 남기지 않는다. 그래서 기록은 삶을 붙잡는 가장 단단한 방법이다. 생각을 글로 남기는 순간, 그것은 흔들리지 않는 토양 위에 놓인 건축물처럼 오래 버틴다. 잉크는 빛이 바래어도 그 흔적은 남게 된다.

기록은 단순한 메모가 아니다. 그것은 내 삶을 다시 정리하고 의미를 불어넣는 행위다. 짧은 문장이라도 적어두면, 나중에 그것은 또 다른 사유의 씨앗이 되어 자라난다. 오늘 적어둔 한 줄의 기록이 내일의 길을 밝히고, 언젠가는 누군가에게 건네줄 지혜가 된다.

삶은 모래 위에 흩날리듯 쉽게 사라질 수 있다. 그러나 기록을 통해 우리는 그 삶을 단단히 붙든다. 기록은 사라지는 순간을 붙잡아 미래의 토양 위에 새겨 넣는 일이다. 그래서 기록하는 삶은 흩어지지 않고, 깊어지고 단단해진다.

누군가의 글에는 그 사람의 영혼이 담긴다.
글은 기록이면서 동시에 고백이고,
자기 자신과의 대화이기도 하다.
말로는 쉽게 넘겼던 생각도
글로 쓰면 비로소 진중한 무게를 얻는다.
글은 마음의 진실을 담는 가장 정직한 거울이다.

"글쓰기는 본질적으로
용기의 행위라고 정의해야 할 것이다."

신시아 오직

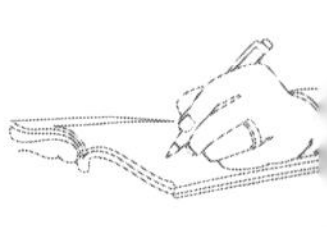

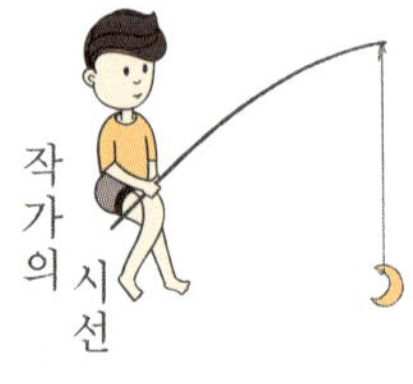

말은 순간의 감정에 휘둘리기 쉽다. 화가 나면 과격해지고, 당황하면 본심과 다른 말을 내뱉기도 한다. 그러나 글은 다르다. 글은 멈추어 생각하게 만들고, 한 번 더 되새기게 한다. 영국 소설가 신시아 오직은 말했다.

"글쓰기는 본질적으로 용기의 행위라고 정의해야 할 것이다."

이는 글쓰기가 단순한 표현을 넘어, 진실에 다가서는 용기 있는 과정임을 일깨운다.

글을 쓸 때 우리는 서두를 수 없다. 마음속에 담긴 생각을 천천히 꺼내어 단어로 옮기고, 다듬고, 다시 읽는다. 이 과정 속에서 불필요한 꾸밈은 자연스레 걷히고, 내 마음속 가장 맑은 결이 드러난다. 마치 바늘과 실로 천을 꿰매듯, 글쓰기는 한 땀 한 땀 진실을 지어가는 일이다. 그래서 누군가의 글에는 그 사람의 영혼이 담긴다. 글은 기록이면서 동시에 고백이고, 자기 자신과의 대화이기도 하다. 말로는 쉽게 넘겼던 생각도 글로 쓰면 비로소 진중한 무게를 얻는다. 글은 마음의 진실을 담는 가장 정직한 거울이다.

우리가 글쓰기를 멀리하지 말아야 하는 이유가 바로 여기에 있다.

손으로 한 땀 한 땀 지어낸 글은 삶의 진실을 보여주고, 그것을 다시 우리에게 되돌려준다. 글은 나를 속이지 않는다. 결국 글쓰기는 나를 가장 솔직하게 마주하기 위한 용기를 내는 시간이다.

글쓰기는 가장 훌륭한 대화의 도구다
|

내가 오늘 쓴 글이 내일의 나에게 말을 걸고,
알지 못하는 먼 곳의 누군가에게 위로가 되기도 한다.
글은 공간과 시간을 넘어선 대화의 끈이다.
혼자의 방에서 적은 한 문장이,
다른 이의 마음에서 울림이 되어 돌아오는 순간이
바로 글쓰기가 가진 기적이다.

"모든 소설은 작가와 독자의 동등한 협업이다.
그곳은 둘이 절대적인 친밀성으로 만나는
유일한 장소다."

폴 오스터

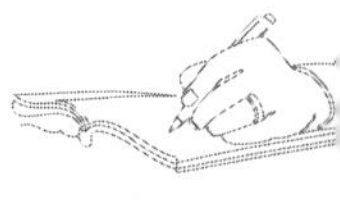

글쓰기는 언제나 혼자의 작업으로 시작된다. 조용히 책상 앞에 앉아 펜을 들거나, 빈 화면 위에 단어를 새겨 넣는 일은 철저히 고독한 과정이다. 하지만 그 고독 속에서 태어난 글은 결코 혼자만의 것이 아니다. 글은 누군가에게 닿기 위해 존재하고, 결국 세상과의 대화가 된다. 미국 소설가 폴 오스터는 말했다.

"모든 소설은 작가와 독자의 동등한 협업이다. 그곳은 둘이
절대적인 친밀성으로 만나는 유일한 장소다."

그는 소설을 통해 사람들, 또 세상과 대화를 한 것이다.
말은 순간 속에 사라지지만, 글은 시간을 건너뛴다. 내가 오늘 쓴 글이 내일의 나에게 말을 걸고, 알지 못하는 먼 곳의 누군가에게 위로가 되기도 한다. 글은 공간과 시간을 넘어선 대화의 끈이다. 혼자의 방에서 적은 한 문장이, 다른 이의 마음에서 울림이 되어 돌아오는 순간이 바로 글쓰기가 가진 기적이다.
그래서 글쓰기는 외로움을 덜어주는 일이다. 홀로 앉아 있지만, 글을 쓰는 순간 이미 누군가와 대화하고 있다는 확신이 우리를 따뜻하게 감싼다. 글은 보이지 않는 다리가 되어, 나와 세상을 연결해

준다.

우리가 매일 쓰는 글 한 줄, 일기 한 장조차도 누군가와 이어지는 대화의 시작일 수 있다. 글쓰기는 가장 고요하지만, 동시에 가장 활발한 대화의 도구다. 그 속에서 우리는 혼자가 아니며, 언제나 세상과 연결되어 있음을 느낀다.

글을 쓰면 내가 누구인지 보인다

글을 쓰다 보면 무심히 지나쳤던 감정들이
문장 속에서 얼굴을 드러낸다.
불안이 무엇 때문이었는지,
내가 어떤 것에 기뻐했는지,
말로는 드러내지 못했던
갈망이 무엇이었는지를 글은 보여준다.
글을 쓰는 동안 우리는 숨기고 싶었던
나의 그림자와도 마주하고,
잊고 있던 나의 빛과도 다시 만난다.

"글쓰기는 내가 생각하는 것, 보는 것,
의미하는 것을 알아내기 위한 행위다."

조안 디디온

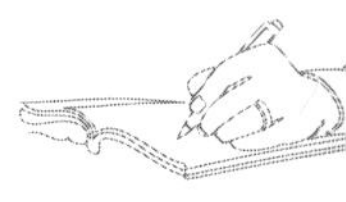

우리는 늘 바쁘게 살아가며 자신을 돌아볼 시간을 잃는다. 일과 관계 속에서 흘러가는 순간들 속에 묻혀 있다 보면, 내가 진정으로 어떤 사람인지조차 희미해진다. 그러나 글을 쓰는 순간, 우리는 비로소 자신을 마주한다. 미국 소설가 조안 디디온은 말했다.

"글쓰기는 내가 생각하는 것, 보는 것, 의미하는 것을 알아내기 위한 행위다."

글쓰기는 자신이 가진 생각을 표현하는 방법일 뿐 아니라, 내 안을 깊이 들여다보는 길이기도 하다. 이는 곧 자신을 발견한다는 뜻이다. 글을 쓰다 보면 무심히 지나쳤던 감정들이 문장 속에서 얼굴을 드러낸다. 불안이 무엇 때문이었는지, 내가 어떤 것에 기뻐했는지, 말로는 드러내지 못했던 갈망이 무엇이었는지를 글은 보여준다. 글을 쓰는 동안 우리는 숨기고 싶었던 나의 그림자와도 마주하고, 잊고 있던 나의 빛과도 다시 만난다. 그래서 글쓰기는 자기 고백이자 자기 이해다. 다른 누군가를 위해 쓰는 것이 아니라, 결국은 나 자신을 알아가기 위해 쓰는 것이다. 종이 위에 남긴 단어들은 내 마음의 지문처럼 고유하며, 그 흔적은 내가 누구인지 증명한다.

글을 쓴다는 것은 내가 어떤 사람이 되고자 하는지, 무엇을 지키며 살아가고 싶은지를 기록으로 새겨 넣는 일이다. 한 문장은 내 안의 의지를 드러내고, 또 다른 문장은 나의 상처를 치유한다. 그렇게 쌓인 글들은 결국 '나'라는 존재의 초상화가 된다. 그래서 글쓰기는 끝없는 발견이자 동시에 창조이다. 내가 누구인지를 찾아가는 동시에 내가 되고 싶은 나를 세워가는 길이기 때문이다.

짧은 메모가 건네는 마음의 무게

짧은 메모의 가치는 그 소박함에 있다.

장황한 말은 흩어지지만,

몇 마디의 단정한 문장은 마음에 깊은 자국을 남긴다.

짧을수록 더 단단하게, 단순할수록 더 오래도록.

그것은 결국 언어의 본질을 드러낸다.

언어란 화려한 장식이 아니라,

마음과 마음을 이어 붙이는 끈이라는 사실을.

"간결함이 재치의 정수다."

윌리엄 셰익스피어

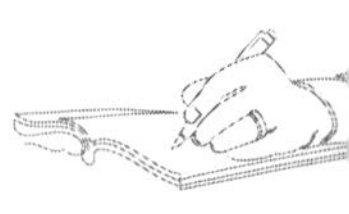

긴 침묵은 종종 관계를 무겁게 만든다. 아무 말도 하지 않는 시간 속에서 오해는 자라나고, 마음은 서서히 거리를 두게 된다. 그러나 그 순간, 짧은 메모 한 장은 다리를 놓는다. 영국이 낳은 세계 최고의 극작가 윌리엄 셰익스피어는 말했다.

"간결함이 재치의 정수다."

그래서 간단한 메모, 짧은 글 한 줄은 침묵 속에 길을 내는 등불이자 재치의 정수가 된다.

짧은 기록은 순간을 붙잡는다. 길게 설명하지 않아도 된다. 한 줄의 글씨에 담긴 온도는 말보다 더 오래 남는다. 오래된 책 사이에서 발견한 짧은 쪽지, 낡은 상자 속에서 우연히 꺼낸 작은 카드. 그것들은 한때 누군가가 나를 생각했다는 확실한 증거이며, 지나간 시간을 다시 현재로 불러오는 부름이 된다. 침묵은 기억을 희미하게 만들지만, 기록은 기억을 다시 살아나게 한다.

짧은 메모의 가치는 그 소박함에 있다. 장황한 말은 흩어지지만, 몇 마디의 단정한 문장은 마음에 깊은 자국을 남긴다. 짧을수록 더 단단하게, 단순할수록 더 오래도록. 그것은 결국 언어의 본질을 드러낸다. 언어란 화려한 장식이 아니라, 마음과 마음을 이어 붙이는 끈이라는 사실을.

짧은 메모 한 장은 작지만, 그 안에는 한 사람의 시간과 마음이 고스란히 담겨 있다. 그래서 그것은 종종 긴 침묵보다 무겁다. 종이 위에 남은 몇 마디는 기록을 넘어, 누군가와 내가 이어져 있었다는 증거가 된다. 셰익스피어가 남긴 한 줄 한 줄에서 아직도 깊은 영감을 받는 것처럼. 그것이 바로 메모가 가진 힘이다. 작지만 오래 남고 짧지만 깊은, 그 한 장이 침묵보다 더 많은 것을 전하는 이유다.

아픔을 치유하는 글쓰기라는 묘약

글쓰기는 소란스럽지 않다.
종이에 펜이 스치는 소리만 들릴 뿐이다.
그러나 그 조용한 순간,
내 안의 혼란은 조금씩 정리되고,
얽힌 감정들은 이름을 얻는다.
마음속 깊은 어둠을 글로 옮기면,
그것은 더 이상 막연한 그림자가 아니라
내가 바라볼 수 있는 대상이 된다.
그 순간부터 치유는 시작된다.

"글쓰기는 상처에 대한 해독제이며,
변화의 순간에 늘 함께하는 적절한 동반자이다."

줄리아 카메론

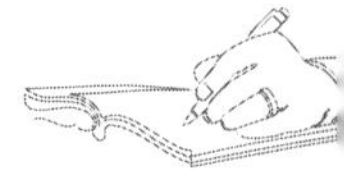

상처는 흔히 몸에만 남는다고 생각하지만, 가장 오래 아픈 것은 마음의 상처다. 말로는 설명하기 어려운 감정, 차마 드러내지 못한 고통은 속으로만 삭이며 더 깊이 스며든다. 이때 글쓰기는 눈에 보이지 않는 상처를 어루만지는 묘약이 된다. 《아티스트 웨이》를 쓴 줄리아 카메론은 말했다.

"글쓰기는 상처에 대한 해독제이며, 변화의 순간에 늘 함께 하는 적절한 동반자이다."

글쓰기는 소란스럽지 않다. 종이에 펜이 스치는 소리만 들릴 뿐이다. 그러나 그 조용한 순간, 내 안의 혼란은 조금씩 정리되고, 얽힌 감정들은 이름을 얻는다. 마음속 깊은 어둠을 글로 옮기면, 그것은 더 이상 막연한 그림자가 아니라 내가 바라볼 수 있는 대상이 된다. 그 순간부터 치유는 시작된다.

의사에게 약이 있듯, 우리 자신에게는 글이라는 묘약이 있다. 억눌러둔 슬픔을 문장으로 적어내면 숨통이 트이고, 고통을 고백처럼 기록하면 마음의 짐이 덜어진다. 글은 누군가에게 보이기 위해 쓰는 것이 아니라, 무엇보다도 나 자신을 살리기 위해 쓰는 것이다.

글쓰기가 영혼을 치유한다는 말은 단순한 비유가 아니다. 실제로 글은 우리의 고통을 밖으로 끌어내는 통로가 되고, 아픔을 다른 빛 속에서 다시 바라보게 한다. 아픈 영혼을 고치는 데 필요한 것은 거창한 언어가 아니라, 솔직한 문장 한 줄일지도 모른다. 글쓰기는 가장 조용하지만, 가장 오래가는 묘약이자 동반자이다.

시간이 만든 기억의 집

|

삶을 돌아보면,
기록되지 않은 많은 것이 이미 사라졌다.
그러나 기록된 것들은 여전히 나와 함께 있다.
그것이 글의 힘이다.
글을 통해 나는 과거의 나와 다시 마주하고,
그 시간의 무늬 속에서
오늘을 새롭게 이해한다.

'나는 글을 쓴다.
기억하기 위해서.'

토니 주트

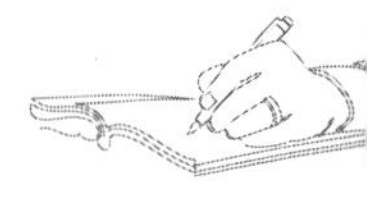

기억은 덧없다. 오늘의 감정과 풍경도 시간이 흐르면 흔적 없이 사라진다. 그러나 글은 그 사라짐을 붙잡아 오래 보존한다. 영국의 사학자이자 수필가인 토니 주트는 저서《기억의 집》을 통해 글쓰기는 기억을 시간 위에 쌓고 방 하나하나를 지어가는 일이라는 것을 보여주었다. 그는 자신의 사상과 작품 세계를 통해 이야기한다.

'나는 글을 쓴다. 기억하기 위해서.'

글은 시간 속에서 살아남은 기억의 안식처다. 우리가 쓰는 글 한 줄 한 줄은 벽돌처럼 쌓여 하나의 집을 이룬다. 그 집 안에는 내가 지나온 시간, 잃어버릴 뻔한 순간들이 고스란히 담긴다. 오랫동안 기억 속에서 점점 희미해지던 얼굴도, 어느 날 펼친 노트 속 문장에서 다시 생생하게 살아난다. 글은 잊힌 시간을 되살리고, 사라질 기억을 머물게 하는 집이다.

삶을 돌아보면, 기록되지 않은 많은 것이 이미 사라졌다. 그러나 기록된 것들은 여전히 나와 함께 있다. 그것이 글의 힘이다. 글을 통해 나는 과거의 나와 다시 마주하고, 그 시간의 무늬 속에서 오늘을 새롭게 이해한다.

시간은 모든 것을 지워가지만, 글은 그 지워짐에 저항한다. 그래서 글쓰기는 취미나 습관 이상의 의미를 지닌다. 그것은 곧 시간을 넘어서는 방식이기 때문이다. 우리가 글을 쓰는 이유는 결국 하나다. 사라지지 않게 하기 위해서 그리고 그 기억의 집 속에서 다시 나를 찾기 위해서다.

이제 나만의 생각을
떠올려보세요.

쓰는 일은 결국,
존재를 증명하는 일입니다.

생각을 살리는 힘, 쓰기

쓰지 않은 생각은 모래 위에 그린 그림과 같다.
바람에 날려 흔적도 남지 않는다.
그러나 글로 기록된 생각은
씨앗처럼 남아 언젠가 싹을 틔운다.
그때는 미처 깨닫지 못했더라도,
시간이 지난 후 다시 읽은 기록 속에서
우리는 새로운 의미를 발견한다.
쓰기란 곧 생각을 살려내는 과정이다.

“생각은 꽃이고,
언어는 그 꽃을 이루는 봉오리이며,
행동은 뒤따르는 열매이다.”

랠프 월도 에머슨

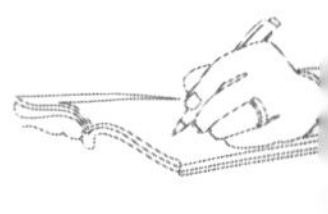

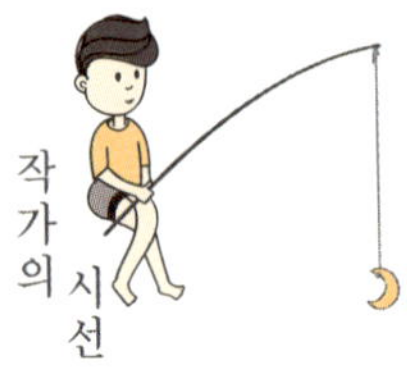

머릿속에는 늘 많은 생각이 떠오른다. 그러나 그 생각들은 붙잡히지 않으면 금세 흩어진다. 잠시 스친 아이디어, 한순간의 깨달음은 기록되지 않는 순간 사라져버린다. 랠프 월도 에머슨은 말했다.

"생각은 꽃이고, 언어는 그 꽃을 이루는 봉오리이며, 행동은 뒤따르는 열매이다."

말은 흩어지고, 생각은 덧없다. 글로 옮겨질 때 비로소 살아난다. 쓰는 것만큼 좋은 표현법이 또 어디 있을까.

생각은 말이나 글, 특히 글이라는 언어로 표현될 때 비로소 온전해진다. 쓰지 않은 생각은 모래 위에 그린 그림과 같다. 바람에 날려 흔적도 남지 않는다. 그러나 글로 기록된 생각은 씨앗처럼 남아 언젠가 싹을 틔운다. 그때는 미처 깨닫지 못했더라도, 시간이 지난 후 다시 읽은 기록 속에서 우리는 새로운 의미를 발견한다. 쓰기란 곧 생각을 살려내는 과정이다.

생각은 기록될 때 확장된다. 말로는 막연했던 아이디어도 글로 옮기면 구체적인 모양을 갖고, 흐릿했던 깨달음도 문장 속에서 명확해진다. 그래서 글쓰기는 생각을 이어가게 하는 가장 중요한 호흡이다.

살아 있는 생각을 갖고 싶다면, 반드시 글로 옮겨야 한다. 그 한 줄이 나를 성장시키고, 내일의 나를 다시 일으켜 세운다. 쓰지 않은 생각은 사라지지만, 쓰여진 생각은 나와 함께 살아남는다. 언어가 없다면 꽃은 피어날 수 없다.

세대를 흔드는 글의 힘

글쓰기는 개인의 삶을 기록하는 도구도 되지만,
동시에 역사를 이어가는 행위이기도 하다.
우리가 남기는 글은 오늘의 세상만이 아니라
내일의 세상까지도 흔든다.
말은 곧 사라지지만, 글은 남아 기억이 되고,
그 기억은 새로운 세대를 일으킨다.

"독서는 인간을 채우고,
대화는 인간을 준비시키며,
글쓰기는 인간을 정확하게 만든다."

프랜시스 베이컨

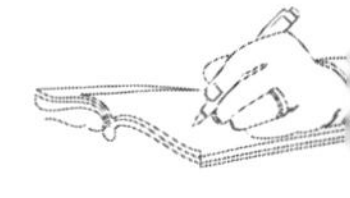

말은 불꽃처럼 강렬하다. 청중 앞에서 터져 나오는 연설은 사람들의 가슴을 흔들고, 누군가의 마음속에 즉각적인 열정을 불러일으킨다. 그러나 그 불꽃은 순간적이다. 시간이 지나면 사라지고, 열정은 식는다. 영국의 철학자 프랜시스 베이컨은 말했다.

> "독서는 인간을 채우고, 대화는 인간을 준비시키며, 글쓰기는 인간을 정확하게 만든다."

그는 자신의 사상을 통해 말은 순간을 움직이지만, 글은 세대를 움직인다는 것을 강조했다.

글은 불꽃이 아니라 불씨다. 우리가 배우고 쓴 것은 한 시대의 세월을 넘어 이어지고, 한 편의 글은 그 시대를 살지 않은 사람에게조차 목소리를 전한다. 고대 철학자의 문장, 시인의 한 구절, 혁명가의 기록은 오늘을 살아가는 우리에게도 여전히 살아 있는 힘으로 다가온다. 그들이 글을 남기지 않았다면, 우리는 그 어떤 역사의 조각도 이해할 수 없었을 것이다. 글은 그렇게 순간의 울림을 넘어 세대를 흔드는 파장을 만든다.

그래서 글쓰기는 개인의 삶을 기록하는 도구도 되지만, 동시에 역사를 이어가는 행위이기도 하다. 우리가 남기는 글은 오늘의 세상만이 아니라 내일의 세상까지도 흔든다. 말은 곧 사라지지만, 글은 남아 기억이 되고, 그 기억은 새로운 세대를 일으킨다.

글을 쓴다는 것은 결국 시간과 싸우는 일이다. 지금 여기의 순간을 붙잡아 세대 너머로 건네는 것. 그것이 글이 가진 힘이며, 우리가 글을 쓰는 이유다.

단어 하나가 글의 운명을 바꾼다

글의 힘은 화려함이 아니라 정확성에 있다.
단어 하나가 문장의 운명을 바꾸고
이야기의 흐름을 바꾼다.
'거의 맞는 단어'와 '정확한 단어'의 차이는
반딧불과 번개의 차이라고 오웰은 비유했다.
반딧불은 잠시 반짝이고 사라지지만,
번개는 세상을 뒤흔든다.

"거의 맞는 단어와
정확한 단어의 차이는 정말 크다.
그것은 반딧불과 번개의 차이다."

조지 오웰

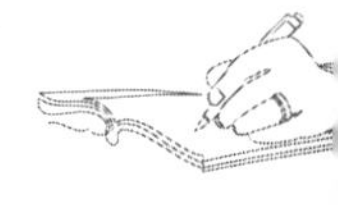

우리는 글을 잘 쓰고 싶을 때 흔히 문장을 화려하게 꾸미려 한다. 낯선 단어를 고르고, 수식어를 덧붙이며, 장식을 더한다. 그러나 그런 문장은 겉만 번지르르할 뿐, 마음을 울리기 어렵다. 영국 소설가 조지 오웰은 말했다.

> "거의 맞는 단어와 정확한 단어의 차이는 정말 크다. 그것은 반딧불과 번개의 차이다."

글의 힘은 화려함이 아니라 정확성에 있다. 단어 하나가 문장의 운명을 바꾸고 이야기의 흐름을 바꾼다. '거의 맞는 단어'와 '정확한 단어'의 차이는 반딧불과 번개의 차이라고 한 오웰의 비유는 참으로 적절하다. 반딧불은 잠시 반짝이고 사라지지만, 번개는 세상을 뒤흔든다. 글에서도 마찬가지다. 정확한 단어가 있을 때 문장은 살아 숨 쉰다.

정확한 단어를 고르려면 서두를 수 없다. 많은 단어 중에 가장 적합한 것을 찾기 위해 읽고, 지우고, 다시 쓰는 과정을 거쳐야 한다. 그래서 좋은 글은 한 번에 완성되지 않는다. 단어를 찾는 집요함이 문장의 힘을 만든다. 매일 쉬지 않고 독서해야 하는 이유도 바로 그 때문이다.

우리가 기억하는 위대한 문장들은 화려해서가 아니라 정확했기 때문에 오래 남았다. 독자의 마음에 닿는 글은 언제나 단어가 자리를 정확히 찾아간 글이다. 글쓰기의 본질은 결국, 정확한 단어를 찾아내려는 끝없는 노력에 있다.

글쓰기에서 가장 먼저 할 일은 나를 자리에 앉히는 것이다

많은 이가 글을 잘 쓰려면
특별한 영감이 필요하다고 믿는다.
하지만 영감은 기다린다고 오지 않는다.
책상 앞에 앉아 펜을 들거나
키보드를 두드리는 순간에야 비로소 온다.
글쓰기는 순간의 번뜩임이 아니라
반복되는 습관에서 비롯되기에.

"거의 모든 좋은 글쓰기는
형편없는 첫 초안에서 시작한다.
어디선가 시작해야 하니까."

앤 라모트

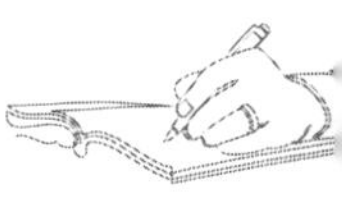

글을 쓰고 싶다고 말하는 사람은 많지만, 실제로 글을 쓰는 사람은 많지 않다. 이유는 간단하다. 글은 생각만으로는 생겨나지 않기 때문이다. 많은 작가가 말한다. 쓰지 않으면 아무 일도 일어나지 않는다고, 글쓰기는 앉아서 시작하는 습관이라고. 글은 오직 엉덩이를 붙이고 앉아 펜을 들고 쓰기 시작한 사람에게만 온다.

많은 이가 글을 잘 쓰려면 특별한 영감이 필요하다고 믿는다. 하지만 영감은 기다린다고 오지 않는다. 책상 앞에 앉아 펜을 들거나 키보드를 두드리는 순간에야 비로소 온다. 글쓰기는 순간의 번뜩임이 아니라 반복되는 습관에서 비롯되기에. 우리 뇌는 끝없이 자리에 앉기까지의 결단을 방해하지만, 계속해서 나를 그 자리로 앉혀놓으면 뇌는 그제야 제대로 우리를 글쓰기의 세계로 데려간다. 그러니 무엇보다 중요한 건 우선 나를 자리에 앉히는 습관이다.

그런 다음은 일단 쓰는 것이다. 처음부터 완벽할 필요는 없다. 미국 소설가 앤 라모트가 말하지 않았던가.

"거의 모든 좋은 글쓰기는 형편없는 첫 초안에서 시작한다. 어디선가 시작해야 하니까."

한 문장을 적고, 또 한 문장을 적는 사이에 글은 모양을 갖춰간다. 매일 조금씩 쓰는 습관이 쌓여 어느 순간 큰 이야기가 되고, 한 권의 책으로 자라난다. 결국 글은 앉아 쓴 시간의 합이다.

글쓰기의 비밀은 특별한 재능이 아니라, 꾸준히 앉는 습관이다. 쓰지 않으면 아무 일도 일어나지 않지만, 쓰기 시작하면 모든 일이 달라진다. 글은 앉아 있는 시간 속에서만 태어난다.

글을 통해 발견하는 나의 생각

머릿속에서 떠오르는 생각은 종종 안개와 같다.
분명 뭔가 있는 듯하지만, 손에 잡히지 않는다.
오래된 기억도, 좋은 생각도, 잡아두고 싶은 순간도…
머릿속에 있을 땐 어쩐지 희뿌옇기만 하다.
그러나 글로 옮기는 순간,
그 안개는 흩어지고 진짜 모양이 드러난다.
쓰는 행위는 내 안의 생각을 발굴해내는 과정인 셈이다.

"글을 써야만
내가 무엇을 아는지를 알게 된다."

플래너리 오코너

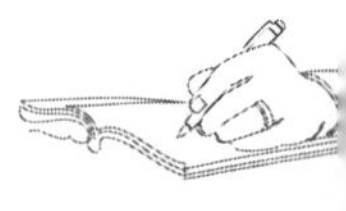

많은 이가 글쓰기를 '이미 완성된 생각을 옮겨 적는 과정'으로 여긴다. 그러나 실제 글을 써본 사람이라면 안다. 글을 쓰기 전에는 막연했던 생각이 문장을 만들며 비로소 모습을 드러난다는 것을. 미국 소설가 플래너리 오코너는 말했다.

"글을 써야만 내가 무엇을 아는지를 알게 된다."

머릿속에서 떠오르는 생각은 종종 안개와 같다. 분명 뭔가 있는 듯하지만, 손에 잡히지 않는다. 오래된 기억도, 좋은 생각도, 잡아두고 싶은 순간도… 머릿속에 있을 땐 어쩐지 희뿌옇기만 하다. 그러나 글로 옮기는 순간, 그 안개는 흩어지고 진짜 모양이 드러난다. 쓰는 행위는 내 안의 생각을 발굴해내는 과정인 셈이다.

글을 쓰며 우리는 스스로 몰랐던 마음을 마주하기도 한다. 아무렇지 않다고 여겼던 감정이 문장 속에서 무게를 갖고, 숨겨둔 갈망이 글 속에서 불쑥 고개를 들기도 한다. 작은 설렘도 큰 사랑으로, 아쉬움은 남은 미련으로 다시금 일어난다. 그러니 글쓰기는 자기 자신을 알아가는 길이 될 수밖에.

그래서 글쓰기는 언제나 모험이다. 쓰기 전에는 알 수 없었던 내 마음의 결이 문장을 통해 드러나고, 그 과정에서 나는 새로운 나를 만난다. 글은 내가 가진 진실을 발견하게 하는 가장 솔직한 도구다.

나를 드러내고 남기는 말과 글의 기적

말은 현재의 나를 드러내고,
글은 시간이 흘러도 나를 남긴다.
오늘 내가 하는 말이 사람들에게 나를 보여주듯,
오늘 내가 남긴 글은 내일의 세상에 나를 증언할 것이다.
그래서 말과 글을 다루는 일은 가볍지 않다.
그것은 지금의 나를 드러내고,
동시에 내가 사라진 뒤에도 남을
나를 준비하는 일이기 때문이다.

"책은 영혼의 거울이다."

버지니아 울프

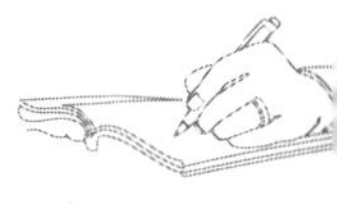

우리는 매일 수많은 말을 한다. 그 말들은 곧 지금 이 순간의 나를 비추는 거울이다. 화가 난 사람의 말은 날카롭고, 따뜻한 마음을 가진 사람의 말은 부드럽다. 말은 숨길 수 없는 성품을 드러낸다. 영국 소설가 버지니아 울프는 말했다.

"책은 영혼의 거울이다."

말이 현재의 나를 보여주는 것이라면, 글은 미래의 나를 남겨 놓는 일이다. 말은 귀에 스치고 지나가지만, 글은 종이에 남아 세월을 견딘다. 글 속에는 순간의 감정이 아니라, 내가 살아온 사유와 흔적이 새겨진다. 그래서 글은 나라는 존재의 증거가 된다.

우리가 지금 만날 수 없는 이들의 생각을 여전히 읽을 수 있는 이유도 여기에 있다. 수천 년 전 철학자의 말은 사라졌지만, 그들의 글은 책으로 남아 우리와 대화한다. 글은 육신이 사라진 뒤에도 그 사람의 목소리를 전하며, 그 사람의 영혼을 이어준다. 결국 글은 죽음을 넘어서는 가장 인간적인 방식이다.

말은 현재의 나를 드러내고, 글은 시간이 흘러도 나를 남긴다. 오늘 내가 하는 말이 사람들에게 나를 보여주듯, 오늘 내가 남긴 글은 내일의 세상에 나를 증언할 것이다. 그래서 말과 글을 다루는 일은 가볍지 않다. 그것은 지금의 나를 드러내고, 동시에 내가 사라진 뒤에도 남을 나를 준비하는 일이기 때문이다.

첫 문장과 마지막 문장의 힘

글을 잘 쓰려는 사람은
첫 문장과 마지막 문장에 각별히 신경 쓴다.
시작과 끝이 단단할 때,
글 전체는 비로소 하나의 완결된 울림을 갖는다.
글쓰기는 결국 순간의 진입과
마지막 여운을 어떻게 다루느냐에 달려 있다.

"좋은 소설은 즉시 독자의 관심을
사로잡을 수 있어야 한다."

앤서니 트롤로프

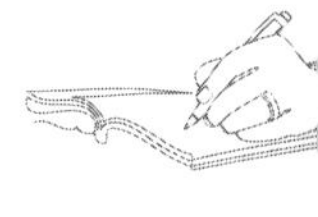

글은 흐름이다. 그리고 모든 흐름에는 시작과 끝이 있다. 글쓰기에
서 시작은 독자의 시선을 붙잡는 순간이다. 영국 소설가 앤서니 트
롤로프는 말했다.

"좋은 소설은 즉시 독자의 관심을 사로잡을 수 있어야 한다."

첫 문장이 매력적이지 못하면 두 번째 문장으로 넘어갈 수 없다. 그
래서 첫 문장은 무엇보다 중요하다. 또한 마지막 문장을 통해 독자
의 마음속에 울림을 남겨야 한다. 그렇게 한 호흡으로 흐르는 글은
독자를 끝까지 따라오게 한다.

첫 문장은 글 전체의 문을 여는 열쇠다. 따라서 힘 있고 선명해야 독
자는 안으로 들어온다. 밋밋한 시작은 독자의 발걸음을 멈추게 하
지만, 명확하고 생생한 시작은 독자를 글 속으로 끌어들인다. 좋은
첫 문장은 단순히 이야기를 여는 것이 아니라, 독자의 기대를 열어
젖힌다. 독자는 첫 문장을 보고 그다음을 이어갈지 말지 판단한다.
때로는 첫 문장에 매료되어 단숨에 끝까지 읽기도 한다.

마지막 문장은 글의 흔적을 남긴다. 글이 다 끝난 후에도 독자의 마
음속에 오래 머무는 것은 마지막 한두 문장이다. 그 문장이 울림을

준다면 글은 끝나지 않고, 독자의 마음속에서 계속 살아남는다.

글을 잘 쓰려는 사람은 첫 문장과 마지막 문장에 각별히 신경 쓴다. 시작과 끝이 단단할 때, 글 전체는 비로소 하나의 완결된 울림을 갖는다. 글쓰기는 결국 순간의 진입과 마지막 여운을 어떻게 다루느나에 달려 있다.

고쳐 쓰기의 비밀

|

처음부터 완벽하게 하려고 애쓰지 않아도 된다.
중요한 것은 쓰기 시작하는 것이고,
그다음은 고쳐 쓰기를 포기하지 않는 것이다.
작가들은 모두 글을 쓰는 시간만큼이나
고쳐 쓰는 시간에 몰두한다.
바로 그 반복 속에서 좋은 글이 태어난다.

"글쓰기란 곧 다시 쓰기다."

어니스트 헤밍웨이

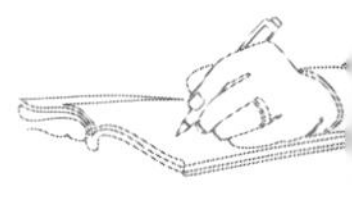

많은 이가 좋은 글을 쓰는 비결을 묻는다. 특별한 영감이나 탁월한 재능을 떠올리지만, 미국 소설가 어니스트 헤밍웨이는 전혀 다르게 답한다.

"글쓰기란 곧 다시 쓰기다."

이 말은 고쳐 쓰는 과정에서 완성된다는 뜻과 같다.

글은 처음 쓰는 순간 완성되지 않는다. 오히려 처음은 서툴고 거칠기 마련이다. 고쳐 쓰기는 글을 단단하게 다듬는 과정이다. 처음 쓴 문장에서 불필요한 군더더기를 걷어내고, 애매한 표현을 더 정확하게 바꾸고, 흐릿한 구조를 선명하게 다시 세운다. 이 과정을 통해 글은 조금씩 제 얼굴을 찾아간다.

처음부터 완벽하게 하려고 애쓰지 않아도 된다. 중요한 것은 쓰기 시작하는 것이고, 그다음은 고쳐 쓰기를 포기하지 않는 것이다. 작가들은 모두 글을 쓰는 시간만큼이나 고쳐 쓰는 시간에 몰두한다. 바로 그 반복 속에서 좋은 글이 태어난다.

고쳐 쓰기를 '문장을 다듬는 일'이라고 단순하게 생각해선 안 된다. 그것은 내 생각을 정리하고, 나 자신을 더 깊이 이해하는 과정을 모두 포함한다. 글을 고쳐 쓸 때마다 우리는 스스로 묻는다. '내가 정말 전하고 싶은 말은 무엇인가?' 하고. 이 질문을 놓치지 않을 때 글은 진실에 가까워진다. 좋은 글은 단 한 번의 영감으로 완성되지 않는다. 그것은 끝없는 고쳐 쓰기의 결과다.

생생한 장면 속으로 나를 데려가는 글쓰기란

보여주는 글은 독자의 상상력을 깨운다.
설명으로는 전달할 수 없는 감정의 깊이나
장면의 생생함이 묘사를 통해 살아난다.
그래서 좋은 글은 독자를 수용자가 아니라,
함께 경험하는 참여자로 만든다.

'좋은 글은 설명하지 않고,
읽는 이가 장면을 보고 느끼게 만든다.
말하기가 아닌 보여주기를 택할 때,
글이 살아난다.'

글쓰기 원칙, 'Show, don't tell'

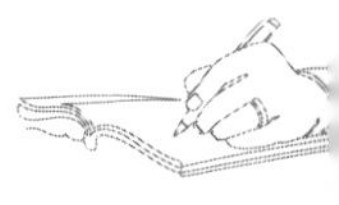

글은 분명 독자에게 정보를 전달하는 도구다. 스마트폰이라는 도구가 생기기 전 정보의 대부분은 책을 비롯한 문서를 통해 찾아야 했다. 그래서 무엇보다 정확하게 설명하는 것이 중요했다. 하지만 글은 정보 전달 이상의 역할과 가치를 지닌다. 자기 생각을 표현하고 이야기를 들려주며 장면을 그리게 한다. 그럴 때의 글은 설명에 머무를 때 매력을 잃는다. 글쓰기 원칙 'Show, don't tell'에서 나는 다음과 같은 영감을 받았다.

'좋은 글은 설명하지 않고, 읽는 이가 장면을 보고 느끼게 만든다. 말하기가 아닌 보여주기를 택할 때, 글이 살아난다.'

설명은 독자에게 이해를 요구하지만, 보여주는 글은 독자가 직접 느끼고 경험하게 만든다. 예를 들어 '그는 긴장했다'라는 설명은 이해는 쉽지만, 울림이 없다. 반대로 '그의 손끝이 미세하게 떨리고, 이마에 땀이 맺혔다'라고 쓰면 독자는 긴장을 '보게' 된다. 독자가 상황 안으로 들어가 직접 체험하도록 만드는 것이 보여주는 글쓰기다. 보여주는 글은 독자의 상상력을 깨운다. 설명으로는 전달할 수 없는 감정의 깊이나 장면의 생생함이 묘사를 통해 살아난다. 그래서 좋은 글은 독자를 수용자가 아니라, 함께 경험하는 참여자로 만든다. 물론 모든 문장이 묘사로 채워질 필요는 없다. 그러나 중요한 순간, 핵심 감정은 반드시 보여주어야 한다. 설명은 잊히지만, 체험은 오래 남는다. 독자가 문장을 읽으며 스스로 장면을 떠올리고 감정을 느낄 때, 글은 비로소 힘을 가진다.

좋은 글은 독자에게 말로 설명하지 않는다. 그들에게 장면을 보여주고, 감정을 체험하게 한다. 그것이 오래 남는 글의 힘이다.

이제 나만의 생각을
떠올려보세요.

오늘의 생각이,
내일의 나에게 편지가 됩니다.

위대한 글은 독자를 중심에 둘 때 탄생한다

|

작가는 자기 목소리를 내야 한다.
그러나 그것이 독자를 외면해서는 안 된다.
좋은 글은 자기 표현과 독자와의 만남,
이 두 축이 균형을 이룰 때 태어난다.
독자를 중심에 두는 순간,
글은 독백을 넘어 대화가 되고,
그 대화는 시대와 세대를 건너 살아남는다.

"묘사는 작가의 상상에서 시작하지만,
독자의 상상 속에서 마무리되어야 한다."

스티븐 킹

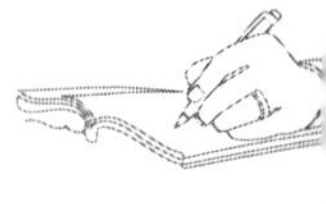

보통 우리는 스스로 만족하기 위해 글을 쓴다. 물론 그것도 좋은 일이다. 쓰지 않는 것보다는 훨씬 낫다. 그렇게 쓰다 보면 생각하게 된다. '나'를 넘어선 글쓰기, 누군가에게 영향을 주고 가치를 남기는 글쓰기를 할 수는 없을까. 위대한 글을 남긴 작가들처럼 나도 그렇게 될 수는 없을까. 그렇게 위대한 글을 남기기 위해서는 다른 출발점이 필요하다. 미국 소설가 스티븐 킹은 말했다.

"묘사는 작가의 상상에서 시작하지만, 독자의 상상 속에서 마무리되어야 한다."

자신만의 생각을 풀어내는 글은 흥미로울 수 있다. 하지만 글은 결국 타인에게 닿을 때 살아난다. 독자의 눈높이, 독자의 필요, 독자의 마음을 고려하지 않은 글은 자기 안에서만 맴돌고 만다. 반면 독자를 향한 글은 서로를 연결하는 다리를 놓고, 그 다리 위에서 비로소 교감이 일어난다. 수많은 베스트셀러가 글이라는 도구를 통해 서로 교감하듯이 말이다.

독자를 중심에 둔다는 것은 글을 쉽게 쓰라는 뜻이 아니다. 오히려 더 진지하게 쓰라는 의미다. 내가 전하려는 생각을 독자가 이해할 수 있도록 구조를 세우고, 불필요한 수식은 걷어내며, 핵심이 분명히 드러나도록 단어를 고르는 것. 그것이 독자를 존중하는 글쓰기다. 그리고 독자는 그 글을 읽고 얼마든지 자신의 생각을 펼치고 또 단련할 수 있다.

물론 작가는 글을 통해 자기 목소리를 내야 한다. 그러나 그것이 독자를 외면해서는 안 된다. 좋은 글은 자기 표현과 독자와의 만남, 이 두 축이 균형을 이룰 때 태어난다. 독자를 중심에 두는 순간, 글은 독백을 넘어 대화가 되고, 그 대화는 시대와 세대를 건너 살아남는다.

조금씩 조금씩, 매일 쓰는 글이 큰 책이 된다

꾸준히 쓴다는 건 무엇일까.
매일 책상 앞에 앉는다는 건 곧 내 삶을 돌아보는 시간을
매일 마련하는 것이고, 생각을 단단히 다지는 과정을
매일 갖는다는 뜻이 된다.
그렇게 쓴 오늘의 작은 문장은 내일의 나를 성장시키고,
그 성장이 이어져 한 권의 책을 만든다.

"나는 오직 나 자신을 위해 쓰는
이 습관이 훌륭한 연습이라 믿는다.
그 습관은 글쓰기의 근육을 유연하게 한다."

버지니아 울프

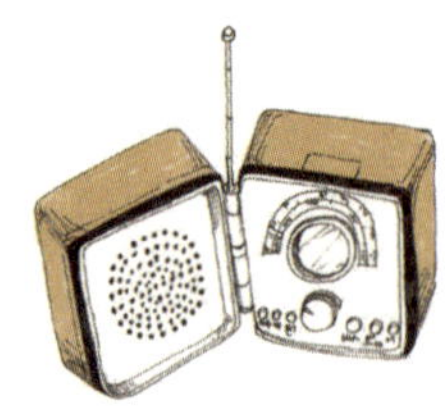

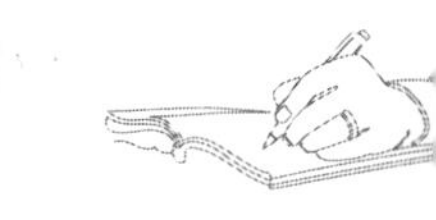

이 세상에 한 번에 완성된 위대한 작품은 없다. 우리가 아는 훌륭한 작품들은 대부분 수년 혹은 수십 년간의 고뇌 끝에 만들어졌다. 모든 책은 작은 문장, 작은 단락, 하루의 짧은 기록들이 모여 이루어진다. 버지니아 울프는, 글쓰기는 습관이 되어야 한다고 강조했다.

> "나는 오직 나 자신을 위해 쓰는 이 습관이 훌륭한 연습이라 믿는다. 그 습관은 글쓰기의 근육을 유연하게 한다."

많은 사람이 글을 쓰려고 하지만, 너무 큰 목표 앞에서 쉽게 지친다. '올해는 꼭 책을 쓸 거야!', '올해는 반드시 소설 한 편을 완성할 거야!'라고 다짐하지만, 몇 년이 지나도록 그 목표가 이뤄지지 않는 것을 숱하게 경험한다. 그러나 하루 한 장, 아니 단 몇 줄이라도 꾸준히 쓴 글은 결국 쌓여 깊이가 된다. 글쓰기의 힘은 거대한 결심이 아니라 작은 습관에서 나온다.

꾸준히 쓴다는 건 무엇일까. 매일 책상 앞에 앉는다는 건 곧 내 삶을 돌아보는 시간을 매일 마련하는 것이고, 생각을 단단히 다지는 과정을 매일 갖는다는 뜻이 된다. 그렇게 쓴 오늘의 작은 문장은 내일의 나를 성장시키고, 그 성장이 이어져 한 권의 책을 만든다. 실제로 울프는 매일 정해진 시간에 책상에 앉아, 마치 호흡하듯 한 줄 한 줄을 쌓아 올렸다. 그녀의 작품은 그렇게 일상의 반복에서 피어난 문학의 꽃이었다.

우리가 읽고 감동한 많은 책도 사실 작가가 매일 책상 앞에 앉아 조금씩 남긴 문장들의 집합이다. 거대한 책은 위대한 결심이 아니라, 매일 쓴 작은 문장들이 만들어낸 습관의 기적이다.

글쓰기는 생각의 종착지가 아니라 출발점이다

쓰기는 곧 사유의 실험실이다.

문장을 고치고, 단어를 바꾸는 퇴고의 과정 안에서

이전에는 보지 못했던 길이 열리기도 한다.

그래서 누군가는 기록이란

생각이 태어나는 과정이라 말한다.

"내가 무슨 생각을 하는지 어떻게 알겠는가,
내가 말한 것을 보기 전까지는."

E. M. 포스터

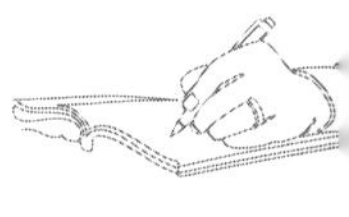

영국 소설가 E. M. 포스터는 말했다.

"내가 무슨 생각을 하는지 어떻게 알겠는가, 내가 말한 것을 보기 전까지는."

그래서 그는 글을 쓰면서 생각을 정리하는 것이 아니라, 글을 통해 비로소 생각하게 된다고 했다. 이는 곧 글쓰기가 손으로 쓰는 기록을 넘어 사유의 한 방식임을 잘 보여준다.

많은 이가 머릿속에서 충분히 생각한 뒤 글을 써야 한다고 믿는다. 그러나 막상 펜을 들면 알게 된다. 생각이라 여겼던 것들이 막연한 감각에 불과했다는 것을. 그래서 한 줄을 적는데도 애를 먹을 때가 많다. 이렇게 써야 하나, 저렇게 써야 하나 헤매기도 한다. 고민 끝에 글로 옮겨놓고 보면 비로소 그 생각은 구체적인 얼굴을 갖게 된다. 또 첫 글을 온전한 문장으로 다듬는 과정에서 우리는 사고의 빈틈을 발견하고, 새로운 통찰로 나아간다.

쓰기는 곧 사유의 실험실이다. 문장을 고치고, 단어를 바꾸는 퇴고의 과정 안에서 이전에는 보지 못했던 길이 열리기도 한다. 그래서 누군가는 기록이란 생각이 태어나는 과정이라 말한다. 그렇기에 글을 쓰는 일을 미루어서는 안 된다. 쓰지 않으면 생각도 완성되지 않기에 나를 들여다보고 정돈하기 위해 글쓰기는 꼭 필요한 일이다. 글쓰기는 생각의 종착지가 아니라 출발점이다. 쓰는 순간 우리는 비로소 생각하는 존재가 된다. 한 줄 한 줄이 모여, 우리의 사유는 더 깊고 더 명료해진다. 결국 우리의 글은 생각을 낳는다. 우린 쓰는 행위를 통해 우리가 무슨 생각을 하는지를 알 수 있기 때문에.

글쓰기, 세상에 없던 것을 불러내는 힘

우리가 글을 쓸 때는
아직 이름조차 없던 감정을 붙잡아 언어로 만든다.
막연했던 생각이 문장으로 엮이며,
존재하지 않던 개념이 형체를 얻는다.
글쓰기는 현실을 베끼는 일이 아니라,
현실의 틈에서 보이지 않던 무언가를 불러내는 마술과도 같다.
그런 형체들이 모이고 엮여 위대한 이야기를 만들어낸다.

"진짜 연금술사는 납을 금으로 바꾸지 않는다.
그들은 세계를 말(언어)로 바꾼다."

윌리엄 하워드 개스

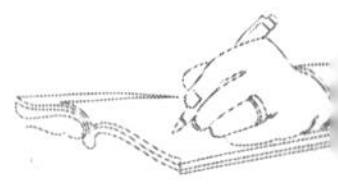

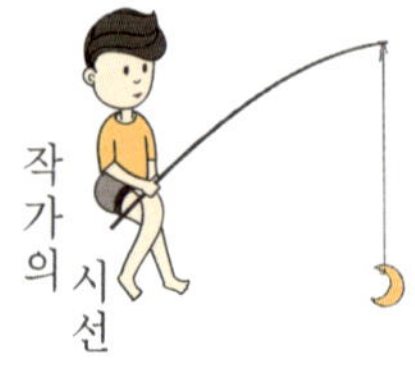

미국 소설가 윌리엄 하워드 개스는 말했다.

"진짜 연금술사는 납을 금으로 바꾸지 않는다. 그들은 세계
를 말(언어)로 바꾼다."

이는 글이 지닌 엄청난 힘에 대한 언급이다.

글이란 이미 있는 것을 기록하거나 머릿속에 지닌 생각을 글자로 옮기는 거라 생각하지만, 사실 우리는 얼마나 많은 창작품을 보며 울고 웃었던가. 즉 글쓰기란 새로운 세계를 창조하는 일이며, 그 글이 갖는 힘은 실로 대단하다.

개스의 말은 곧 언어가 새로 세계를 빚는 창조적 행위임을 말해준다. 우리가 글을 쓸 때는 아직 이름조차 없던 감정을 붙잡아 언어로 만든다. 막연했던 생각이 문장으로 엮이며, 존재하지 않던 개념이 형체를 얻는다.

글쓰기는 현실을 베끼는 일이 아니라, 현실의 틈에서 보이지 않던 무언가를 불러내는 마술과도 같다. 그런 형체들이 모이고 엮여 위대한 이야기를 만들어낸다.

작가는 물론이고, 일기를 쓰는 우리 역시 마찬가지다. 기록하지 않

았다면 흘러갔을 작은 마음 하나가 글로 남는 순간, 새로운 의미를 얻는다. 그것은 내 안에서만 맴돌던 조각이 세상에 모습을 드러내는 순간이다.

글은 단지 세상을 반영하지 않는다. 때로는 아직 존재하지 않는 세상을 먼저 불러내어, 우리를 그 세계로 이끈다. 그래서 글쓰기는 언제나 창조의 행위이고, 그 창조 속에서 우리는 새로운 자신을 만나게 된다.

흔적이 남을 때 비로소 하루가 완성된다

우리는 많은 날을 살아간다.
그러나 어제의 대화,
아침에 스쳤던 기분,
창밖의 빛깔은 금세 사라진다.
기록이 없는 하루는 사진 없는 여행처럼,
다녀왔지만 설명할 길이 없는 경험이 된다.
반대로, 단 몇 줄이라도 적어둔 하루는 달라진다.
그것은 다시 불러낼 수 있고,
그 순간으로 돌아갈 수 있으며,
미래의 나에게 말을 걸어올 수 있다.

"글쓰기는 무언가를 보존하는 것이며,
삶은 놓아주는 것이다."

마티 루빈

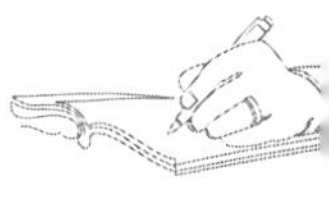

미국의 작가 마티 루빈은 말했다.

"글쓰기는 무언가를 보존하는 것이며, 삶은 놓아주는 것이다."

그래서 그는 매일 기록을 실천했다. 하루를 기록하지 않는 것은 하루를 잃는 것과 같다는 믿음에서였다. 그는 삶이란 그 하루를 살아내는 것만으로는 충분하지 않다는 사실을 일깨운다. 삶은 경험으로만 남을 때는 흐릿하지만, 기록될 때 비로소 형태를 갖춘다.
우리는 많은 날을 살아간다. 그러나 어제의 대화, 아침에 스쳤던 기분, 창밖의 빛깔은 금세 사라진다. 기록이 없는 하루는 사진 없는 여행처럼, 다녀왔지만 설명할 길이 없는 경험이 된다. 반대로, 단 몇 줄이라도 적어둔 하루는 달라진다. 그것은 다시 불러낼 수 있고, 그 순간으로 돌아갈 수 있으며, 미래의 나에게 말을 걸어올 수 있다. 그래서 나는 여행을 할 때, 혼자만의 시간이 생길 때면 반드시 글을 적는다. 오랜 시간이 흘러 기억이 희미해질 때 그 기록을 꺼내어본다. 그러면 그때의 기억이 생생하게 떠오른다. 놀랍게도 그날의 장면과 감정이 되살아나는 것만 같다. 그것이 글이 가진 놀라운 힘이 아니고 무엇일까.

기록은 지나간 시간을 새로운 의미로 바꾸는 힘을 갖는다. 기억조차 희미한 날들을 삶의 새로운 기억과 감정으로 불러오니까. 그땐 알지 못했던 걸 기록을 통해 다시 깨닫게 되기도 한다. 삶의 새로운 의미가 되새겨지는 순간이다.

적히지 않은 하루는 흘러가지만, 적힌 하루는 쌓인다. 오늘의 내가 남긴 흔적이 모여 내 삶의 무늬를 만들고, 결국 나라는 사람을 증명한다. 그래서 기록은 하루를 잃지 않고 지켜내는 가장 확실한 방법이다. 하루하루가 쌓일 때 삶은 비로소 단단해지고, 잃어버린 날 대신 내 손으로 지켜낸 날들이 늘어난다. 삶은 그냥 흘러간다, 내버려두면. 그러나 기록하면 그 흔적을 붙잡아둘 수 있다. 어쩌면 유일한 방법이다.

쓴다는 것은 끝없이 다시 태어나는 일

쓰기는 자신을 갱신하는 고독한 작업이다.
반복되는 하루 속에서도 글을 쓰는 사람은
같은 자리에 머물지 않는다.
매번 단어를 고르고,
문장을 이어가는 과정에서
내 생각은 조금 더 깊어지고,
감정은 더 분명해지며,
삶은 새로운 결을 얻는다.
글이 없다면 나는 제자리에서 맴돌 뿐이지만,
쓰는 순간 나는 한 발짝 더 나아간다.

"나는 끊임없이 만들어지고 다시 만들어진다."

버지니아 울프

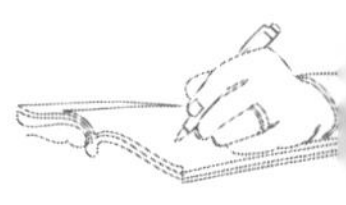

버지니아 울프는 말했다.

"나는 끊임없이 만들어지고 다시 만들어진다."

글쓰기는 결국 자신을 끊임없이 다시 태어나게 하는 일이다. 글을 쓰며 우리는 자신을 새롭게 빚어낸다. 그 과정으로 성장하고 변화한다. 글을 제대로 써본 사람이라면 한 번쯤 이러한 경험을 했을 것이다.

우리는 글을 쓰면서 과거의 나를 마주한다. 그 순간 떠올랐던 감정과 생각이 문장으로 흘러나오는 사이, 나는 이미 이전의 나와는 다른 존재가 된다. 글은 기억을 붙잡는 동시에, 나를 다시 쌓아 올린다. 어제의 나는 기록 속에 남고, 새로운 나는 문장을 통해 태어난다.

쓰기는 자신을 갱신하는 고독한 작업이다. 반복되는 하루 속에서도 글을 쓰는 사람은 같은 자리에 머물지 않는다. 매번 단어를 고르고, 문장을 이어가는 과정에서 내 생각은 조금 더 깊어지고, 감정은 더 분명해지며, 삶은 새로운 결을 얻는다. 글이 없다면 나는 제자리에서 맴돌 뿐이지만, 쓰는 순간 나는 한 발짝 더 나아간다.

글쓰기는 자기 자신을 끊임없이 다시 태어나게 하는 행위다. 그래서 쓰는 사람은 늘 새로운 존재로 살아간다. 글이 쌓이는 만큼, 나 또한 여러 번의 생을 살아가는 셈이다.

기억의 그늘을 넘어서는 글쓰기

글이 없었다면 흐릿하게 지나갔을 순간이,
글 덕분에 또 하나의 경험으로 새겨진다.
글은 과거를 붙잡는 그릇을 넘어,
무에서 무언가를 창조해내는 힘이다.
그렇기에 쓰는 일은 단순히 '잊지 않기 위해서'가 아니라,
'더 깊이 살기 위해서' 필요하다.

> "글 하나는 마법 한 조각과 같다.
> 당신은 무(無)에서 무언가를 만들어낸다."
>
> 수잔나 클라크

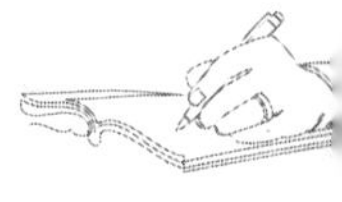

영국 소설가 수잔나 클라크는 말했다.

"글 하나는 마법 한 조각과 같다. 당신은 무(無)에서 무언가
를 만들어낸다."

우리는 흔히 글을 단순히 '기억을 보관하는 상자'로 생각하곤 한다.
그러나 클라크의 말은 글이 과거를 그대로 옮겨놓는 수동적인 기록
이 아니라, 아직 경험하지 않은 기억을 창조해내는 적극적인 행위
임을 말해준다.

우리가 소설을 읽을 때를 떠올려보자. 그 이야기 속 장면은 실제로
겪은 일이 아님에도, 독자의 마음속에는 생생한 기억처럼 남는다.
나는 파리에 가본 적이 없어도, 책 속 묘사를 따라 골목의 냄새를 기
억한다. 전쟁을 겪지 않았어도, 문장을 통해 병사의 두려움과 용기
를 기억하게 된다. 이것이 글이 만들어내는 '마법'이다.

심지어 내 글조차도 마찬가지다. 그날의 일상을 적었을 뿐인데, 글
을 다시 읽는 순간 그날보다 더 선명한 기억이 되살아난다. 어떤 문
장은 실제보다 더 진한 색채로 남아, 새로운 감각을 부여한다. 글이
없었다면 흐릿하게 지나갔을 순간이, 글 덕분에 또 하나의 경험으

로 새겨진다.

글은 과거를 붙잡는 그릇을 넘어, 무에서 무언가를 창조해내는 힘이다. 그렇기에 쓰는 일은 단순히 '잊지 않기 위해서'가 아니라, '더 깊이 살기 위해서' 필요하다. 클라크가 말한 대로, 글은 우리에게 새로움을 선물하는 창조적인 도구다.

글은 닫힌 마음 앞에 놓이는 열쇠다

말은 순간의 감정을 밀어붙일 수 있지만,
글은 시간을 두고 천천히 읽히며 마음속에 자리 잡는다.
한 문장이 곧바로 마음을 여는 경우도 있지만,
더 자주 글은 오래 머물며 조금씩 잠금을 풀어간다.
이처럼 독자는 각자의 속도로 그 열쇠를 돌린다.

"많은 책이 우리 자신의 성(城)안
미지의 방들로 가는 열쇠와 같다."

프란츠 카프카

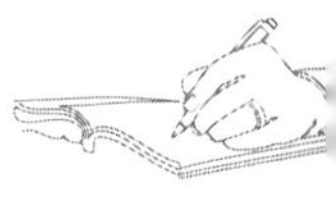

유대계 독일 작가 프란츠 카프카는 말했다.

"많은 책이 우리 자신의 성(城)안 미지의 방들로 가는 열쇠와
같다."

참 깊은 온기가 담긴 말이다. 바람이 사람의 옷을 벗기지 못했듯 마
음의 문은 대개 격렬한 주장이나 강한 설득으로는 열리지 않는다.
오히려 큰 소리는 더 굳게 닫히게 만들 때가 많다. 하지만 글은 다르
다. 소리 없는 문장들은 은근히 스며들어, 마음 깊은 곳을 움직인다.
글이 가진 힘은 바로 그 조용함에 있다. 말은 순간의 감정을 밀어붙
일 수 있지만, 글은 시간을 두고 천천히 읽히며 마음속에 자리 잡는
다. 한 문장이 곧바로 마음을 여는 경우도 있지만, 더 자주 글은 오
래 머물며 조금씩 잠금을 풀어간다. 나 역시 한 번 읽었던 글이 시간
이 많이 흐른 후에 다시금 떠올라 의미가 되새겨질 때가 있다. 이처
럼 독자는 각자의 속도로 그 열쇠를 돌린다.
때로는 한 편의 시가, 때로는 누군가의 일기 같은 고백이 우리 마음
의 숨겨진 방문을 두드린다. 읽는 순간에는 깨닫지 못해도, 시간이
흐른 뒤 불현듯 그 문장이 문을 열어젖히는 순간이 찾아온다.

카프카의 말처럼, 글은 다투지 않고, 요구하지 않으며, 조용히 문 앞에 놓이는 열쇠다. 그리고 그 열쇠를 받아 쥔 순간, 우리는 스스로 마음을 열게 된다.

사라짐을 받아들이는 법

글을 쓴다는 것은 곧 잃어버림을 견디는 법을 배우는 일이다.
잊히지 않게 간직하기 위해서라기보다,
잊히더라도 의미는 남는다는 사실을 확인하기 위해서다.
그것은 결국 사라짐과 화해하는 길이고,
시간의 본성을 받아들이는 태도이다.

"우리가 적어두는 게 우리가 기억하는 것이다.
그것은 일종의 타임캡슐 같고,
우리 자신의 가장 좋은 부분으로
되돌아가는 생명줄이다."

앨리슨 팔런

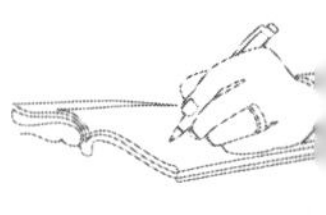

미국의 작가이자 글쓰기 코치인 앨리슨 팔런은 말했다.

> "우리가 적어두는 게 우리가 기억하는 것이다. 그것은 일종의 타임캡슐 같고, 우리 자신의 가장 좋은 부분으로 되돌아가는 생명줄이다."

삶은 본질적으로 덧없다. 오늘의 기쁨도, 아침의 슬픔도, 어제의 다짐도 빠르게 지나가 버린다. 우리는 붙잡으려 애쓰지만, 시간은 늘 손가락 사이로 흘러내린다. 그래서 죽음을 앞둔 사람들은 인생을 두고 '하룻밤의 꿈' 같다 말하기도 한다. 그러나 글쓰기는 그 흐름과 다투지 않는다. 오히려 받아들이고, 기록하며, 지나감을 인정한다. 적힌 문장은 사라진 순간이 완전히 없어진 것이 아님을 보여준다. 한 줄의 글은 시간을 붙잡지 않으면서도, 그것이 남긴 자취와 의미를 되새긴다.

글을 쓴다는 것은 곧 잃어버림을 견디는 법을 배우는 일이다. 잊히지 않게 간직하기 위해서라기보다, 잊히더라도 의미는 남는다는 사실을 확인하기 위해서다. 그것은 결국 사라짐과 화해하는 길이고, 시간의 본성을 받아들이는 태도이다.

팔런의 말처럼, 쓰기는 시간의 흐름과 나란히 걷다가 되돌아보며 의미를 새겨 넣는 힘이다. 그 길 위에서 우리는 조금 덜 아쉽게, 조금 더 평온하게 오늘을 떠나보낼 수 있다.

이제 나만의 생각을
떠올려보세요.

쓰는 순간, 당신의 삶은
이미 변화하고 있습니다.

증발과 응결 사이에서

—

쓰지 않는다면 세계는 언제나 흐릿하다.
그러나 글을 쓰면 세계는 선명해진다.
나만의 언어로 기록한 세계는 쉽게 지워지지 않고,
삶을 바라보는 시선도 더 뚜렷해진다.
성능 좋은 렌즈로 피사체를 보듯
대상 하나하나를 들여다보게 한다.

'많은 작은 기억들을 쓰세요.
만약 하나의 큰 기억 속으로 빠져든다면,
그것을 쓰세요. 그냥 계속 쓰세요.
그 기억이 5초 전이건 5년 전이건
상관하지 마세요.'

나탈리 골드버그

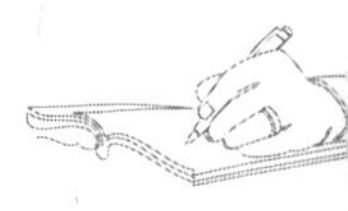

《뼛속까지 내려가서 써라》의 작가 나탈리 골드버그는 말했다.

'많은 작은 기억들을 쓰세요. 만약 하나의 큰 기억 속으로 빠져든다면, 그것을 쓰세요. 그냥 계속 쓰세요. 그 기억이 5초 전이건 5년 전이건 상관하지 마세요.'

메모를 습관화하는 사람은 잘 안다. 쓰지 않으면 생각은 증발하고, 쓰면 세계가 단단해진다는 것을. 생각은 대개 잡히지 않는 기체와 같다. 번뜩이는 아이디어도 금세 사라지고, 감정의 결도 이름을 얻지 못한 채 흩어진다. 시간이 흐를수록, 나이가 들수록 생각을 되새기는 능력이 약해진다. 어제의 일도 조금 전의 일도 우리는 잘 기억하지 못할 때가 많다. 그렇지 않다 하더라도 1초에 수십 가지 생각을 하는 인간은, 금세 떠올리고 또 금세 지우며 생각의 울타리를 넘나든다. 울타리 밖으로 나가버린 생각은 어느새 바람처럼 사라지고 만다.

하지만 손이 움직이는 순간 상황은 달라진다. 펜 끝에서 단어가 태어나면, 막연했던 생각은 형태를 얻고 무게를 가진다. 종이에 적힌 문장은 증발하던 생각을 응결시켜 눈앞에 잡히는 실체로 바꾼다.

글을 쓰는 일은 곧 증기 같은 생각을 물방울로 모아내는 행위다. 쓰지 않는다면 세계는 언제나 흐릿하다. 그러나 글을 쓰면 세계는 선명해진다. 나만의 언어로 기록한 세계는 쉽게 지워지지 않고, 삶을 바라보는 시선도 더 뚜렷해진다. 성능 좋은 렌즈로 피사체를 보듯 대상 하나하나를 들여다보게 한다. 글쓰기는 생각을 흘려보내지 않고, 삶을 붙잡아두는 가장 구체적인 실험이다.

어쩌면 글이 나를 쓰는 것

글은 '나'의 그림자다.
글을 쓴다는 것은
세계를 포착하는 동시에,
그 세계를 바라보는
나 자신을 증명하는 행위다.
우리는 글 속에서 세계를 이해하는 만큼
자신을 스스로 들여다본다.

"글쓰기는 당신이 무엇을 생각하고
무엇을 믿는지 발견하는 행위다."

다니엘 핑크

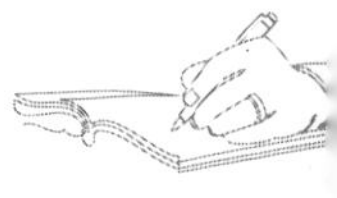

미국 작가 다니엘 핑크는 말했다.

"글쓰기는 당신이 무엇을 생각하고 무엇을 믿는지 발견하는 행위다."

많은 이가 글쓰기를, 세상을 해석하는 일로 생각한다. 그러나 핑크의 말처럼, 글은 언제나 쓰는 사람을 발견할 수 있는 창이다.
같은 장면을 묘사하더라도 어떤 이는 풍경의 고요를 기록하고, 또 다른 이는 그 안의 쓸쓸함을 적는다. 글이 다르게 쓰이는 이유는 대상이 달라서가 아니라, 그것을 바라보는 시선이 다르기 때문이다. 그래서 어쩌면 내가 글을 쓰는 것이 아니라 글이 나를 쓰는 것일지도 모른다. 내가 쓴 글을 볼 때 비로소 나는 내가 어떤 존재인지가 드러나기 때문이다. 글은 대상을 설명하는 듯 보이지만, 그 글을 통해 드러나는 것은 결국 '나'라는 존재의 결이다.
글쓰기는 언제나 자기 고백적이다. 지금 이 책에 담긴 글 역시 마찬가지다. 일기처럼 노골적으로 드러나지 않아도 단어 하나, 문장의 리듬 하나에 내면이 배어난다. 설명하려던 세계는 글 속에서 나를 비추는 거울로 바뀌고, 독자는 그 거울 너머의 얼굴을 읽어낸다.

글은 '나'의 그림자다. 글을 쓴다는 것은 세계를 포착하는 동시에, 그 세계를 바라보는 나 자신을 증명하는 행위다. 우리는 글 속에서 세계를 이해하는 만큼 자신을 스스로 들여다본다.

내일의 나에게 건네는 한 스푼의 양식

우리는 늘 오늘을 살면서도 내일을 향해 걷는다.
그러나 내일의 나는 오늘의 나를 똑같이 기억하지 못한다.
그래서 기록이 필요하다.
오늘의 눈빛과 감정, 작디작은 사건들을 일기 속에 담아두면,
그것은 시간이 흘러도 사라지지 않고 내일의 나를 찾아온다.

"글쓰기와 독서는 고립감을 줄여준다.
그것들은 생명의 감각을 깊이고
넓히며 확장시킨다.
그것들은 영혼을 먹인다."

앤 라모트

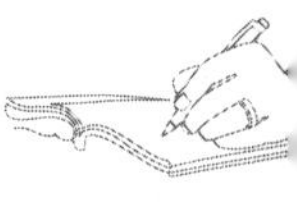

앤 라모트는 말했다.

"글쓰기와 독서는 고립감을 줄여준다. 그것들은 생명의 감각
을 깊이고 넓히며 확장시킨다. 그것들은 영혼을 먹인다."

라모트는 이 말처럼 일기의 중요성을 강조하기도 했다. 하루의 끝
에 적어 내려간 몇 줄의 기록은 보잘것없어 보일 수 있다. 그러나 시
간이 흐르면 그 짧은 문장은 어제의 내가 오늘의 나에게 건네는 영
혼의 양식이 된다.

우리는 늘 오늘을 살면서도 내일을 향해 걷는다. 그러나 내일의 나
는 오늘의 나를 똑같이 기억하지 못한다. 그래서 기록이 필요하다.
오늘의 눈빛과 감정, 작디작은 사건들을 일기 속에 담아두면, 그것
은 시간이 흘러도 사라지지 않고 내일의 나를 찾아온다.

때로는 한 줄의 일기가 잊고 있던 나를 다시 일깨운다.

'그날 나는 웃고 있었구나. 사실은 용감했구나.'

'그날 나는 조금 아팠구나. 하지만 끝내 잘 이겨냈구나.'

이렇게 글로 남긴 순간은 미래의 내가 과거의 나에게 배우게 하는
스승이 된다. 하루 한 줄이 쌓일수록 내 삶은 단절되지 않고 이어지

며, 나라는 존재는 더 단단해진다. 나의 과거가 어떻게 연결되어 오늘이 되었는지, 또 이러한 오늘은 어떤 내일을 만들어갈지…. 우리는 글을 통해 남기고 배우며 또 그린다.

짧은 일기는 내 영혼을 채우는 한 스푼의 양식이다. 어제의 내가 오늘의 나에게, 오늘의 내가 내일의 나에게 건네는 조용한 위로와 격려다.

나의 소중하고 오랜 보물 상자

때로는 완성된 담론보다
불완전한 메모 속에서 더 진실한 삶의 흔적이 남는다.
거창한 글은 다듬어지는 과정에서 많은 것이 지워지지만,
짧은 메모는 그 순간의 공기와 감정을 있는 그대로 보관하기에.

"노트북을 지녀라.
여행할 때도, 먹을 때도, 잘 때도.
머릿속에 떠오르는 잡다한 생각을
그것에 박아라.
싸구려 종이가 회백질보다 덜 썩는다.
연필 자국은 기억보다 더 오래간다."

잭 런던

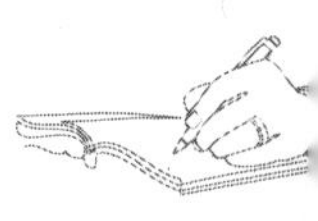

미국의 소설가이자 언론인 그리고 사회운동가인 잭 런던은 말했다.

"노트북을 지녀라. 여행할 때도, 먹을 때도, 잘 때도. 머릿속에 떠오르는 잡다한 생각을 그것에 박아라. 싸구려 종이가 회백질보다 덜 썩는다. 연필 자국은 기억보다 더 오래간다."

그는 완성된 담론보다 불완전한 메모 속에서 더 진실한 삶의 흔적이 남는다고 보았다. 거창한 글은 다듬어지는 과정에서 많은 것이 지워지지만, 짧은 메모는 그 순간의 공기와 감정을 있는 그대로 보관한다는 것이다.

그의 말처럼 메모는 삶의 부스러기를 붙잡아두는 작은 상자와 같다. 그냥 두면 흩어졌을 순간들이 그 안에 모여 있다가, 다시 열리는 순간 살아난다. 오래전 적어둔 메모 한 장이, 당시의 웃음소리와 풍경을 다시 불러내는 경험은 누구에게나 있다. 나는 때때로 나의 오랜 보물 상자를 열어보곤 한다. 책을 읽다 떠오른 문장, 시 한 줄이 어떤 값진 보물보다 귀하게 느껴질 때가 있다. '내가 이런 글을 적었나?', '내가 이런 생각을 했었나?', '나에게 이런 일이 있었던가?', '이렇게 소중한 사람과 함께했던가?' 등등 이런저런 생각의 조각은 마치 오래되고 귀한 유산처럼 깊고 소중한 의미로 다가온다.

그래서 메모는 사소해 보이지만 결코 가볍지 않다. 짧은 기록 하나가 삶의 맥락을 지켜주고, 기억의 빈칸을 채워준다. 작지만 충실한 저장고, 그것이 메모가 지닌 진짜 힘이다.

과거의 너와 나를 잇는 소리 없는 시그널

우리에겐 '글'이라는 도구가 있다.
글은 시간과 거리를 넘어, 서로를 이어준다.
침묵의 문장 속에서
우리는 여전히 듣고, 응답하며, 이해한다.
좋은 글쓰기는 대화 그 이상이다.
고요하지만 더 멀리 울리는 그 대화 덕분에
우리는 더 오래, 더 깊이 서로의 마음을 듣게 된다.

"좋은 글쓰기는 좋은 대화이며, 그 이상이다."

어니스트 헤밍웨이

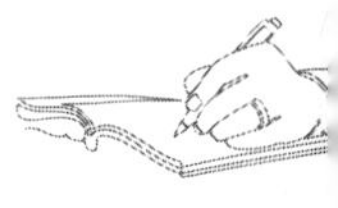

우리는 보통 말로 해야만 서로 대화하는 거라고 생각하지만, 그렇지 않다. 글로도 대화를 한다. 글은 소리 나지 않기에 침묵 속의 대화와 같다. 어니스트 헤밍웨이는 말했다.

"좋은 글쓰기는 좋은 대화이며, 그 이상이다."

문장에는 목소리가 없다. 그래서 고요하다. 하지만 그 고요함 속에서 더 멀리 울린다. 오랜 기억이, 오랜 생각이, 숨은 감정이 그리고 우리의 삶이. 쓰는 이는 자리를 떠났어도, 남겨진 글은 독자의 마음 속에서 되살아나 새로운 대화를 시작한다.

글은 직접 말하지 않아도 닿을 수 있는 길이다. 소설의 한 장면, 편지의 한 문장은 작자의 숨결을 머금은 채 독자에게 다가와, 아무 말 없이도 깊은 공감을 만들어낸다. 침묵 속에서 피어나는 이 교감이야말로 글이 가진 특별한 힘이다.

대화가 반드시 소리를 통해 이루어져야 한다면, 우리는 과거와 미래, 멀리 있는 사람과 연결될 수 없었을 것이다. 드라마처럼 과거와 미래를 이어주는 라디오나 무전기가 있어서 서로의 목소리를 들을 수 있다면 좋겠지만, 그런 일은 일어나지 않는다. 그 대신 우리에겐

‘글’이라는 도구가 있다. 글은 시간과 거리를 넘어, 서로를 이어준다. 침묵의 문장 속에서 우리는 여전히 듣고, 응답하며, 이해한다. 좋은 글쓰기는 대화 그 이상이다. 고요하지만 더 멀리 울리는 그 대화 덕분에 우리는 더 오래, 더 깊이 서로의 마음을 듣게 된다.

짧은 문장은 흘러가던 순간을 붙잡아두고,
나중에 다시 열어보면 그 몇 글자가 잊혔던
장면 전체를 불러낸다.
메모는 기억의 파편을 붙드는 갈고리이자
사라질 뻔한 시간을 되살리는 작은 불씨이다.

"종이는 우리가 기억해야 할 것들을
적기 위한 것이다.
우리의 뇌는 생각하는 데 쓰인다."

알베르트 아인슈타인

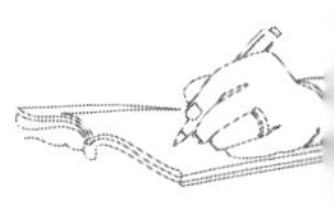

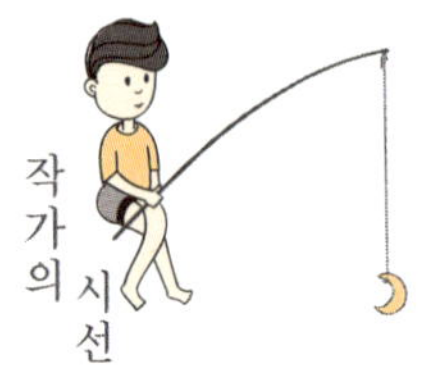

시간이 흐르면 모든 게 잊힌다. 그래서 수많은 사람이 메모를 통해 기억을 남기려 했다. 한 줄의 메모는 수많은 망각을 막아준다. 머릿속에 모두 담으려 해도 다 담기지 않는다. 그래서일까? 독일계 이론 물리학자 알베르트 아인슈타인은 말했다.

> "종이는 우리가 기억해야 할 것들을 적기 위한 것이다. 우리의 뇌는 생각하는 데 쓰인다."

하루를 살아가며 우리는 무수한 순간을 스쳐 지나간다. 말끝에 담긴 뉘앙스, 창밖의 빛깔, 가슴을 울린 깨달음도 시간이 지나면 흔적 없이 사라진다. 그러나 펜 끝에 남겨진 한 줄의 기록은 다르다. 짧은 문장은 흘러가던 순간을 붙잡아두고, 나중에 다시 열어보면 그 몇 글자가 잊혔던 장면 전체를 불러낸다. 메모는 기억의 파편을 붙드는 갈고리이자 사라질 뻔한 시간을 되살리는 작은 불씨이다.

물론 지나간 시간을 모두 기억해야 할 필요는 없다. 인간은 망각할 수 있는 존재이기에 오히려 더 긍정적으로 살아갈 수 있다. 아픔도, 괴로움도, 슬픔도 시간이 흐르면 다 잊히기에 살아갈 용기를 되새길 수 있다. 하지만 꼭 남기고 싶은 기억도 있기 마련이다. 첫사랑의 기억, 오랜 수고가 이룬 꿈, 여행지에서의 뜻깊은 순간들…. 잊히면 그만이지만 되새길 때 의미가 있는 것도 많은 법이 아니던가. 그러나 우리의 뇌는 이러한 것들까지 모두 시간 속에 흩어지게 한다.

이처럼 망각은 누구도 피할 수 없지만, 메모는 그 속도를 늦추고 삶을 흩어지지 않게 만든다. 별것 아닌 한 줄의 기억은 그렇게 쌓여, 결국 나의 삶을 이어지게 한다. 그것은 내가 사라진 뒤에도 고스란히 이런 사람이 있었노라고 나의 향기를 머물게 한다.

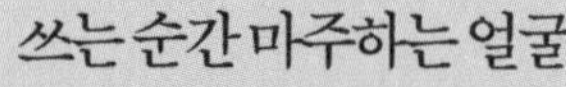

쓰는 순간 마주하는 얼굴
|

막상 글을 쓰다 보면 뜻밖의 감정과 생각이 튀어나온다.
문장 속에서 드러나는 두려움이나 희망,
잊었다고 생각한 기억은 글을 통해 다시 빛을 얻는다.
그 순간 '아, 내가 이런 사람이었구나!' 하고 깨닫는다.

"글쓰기는 탐험이다.
아무것도 없는 상태에서 시작하여
쓰면서 배워간다."

E. L. 닥터로우

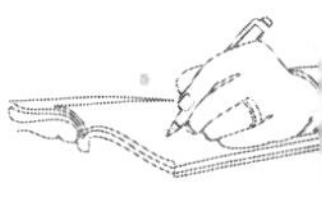

내가 나를 다 안다고 자신 있게 말할 수 있는 사람이 몇이나 있을까. 우리는 매일 비슷한 루틴으로 삶을 살아내지만, 그 속에서 매일 다른 나를 발견하곤 한다. '내가 이런 사람이었나?' 하는 생각이 들 때도 많다. 그리고 인간은 누구나 지극히 주관적이어서 자신을 객관적으로 보긴 힘들다. 그래서인지 내가 나를 아는 것 같다가도 낯설 때가 있다. 이렇게 나조차 다 알지 못하는 나를 알기 위한 가장 좋은 방법이 바로 글쓰기다. 미국 소설가이자 수필가인 E. L. 닥터로우는 역사소설과 현실소설을 넘나들며 문학적 지형을 넓힌 작가답게 이렇게 말했다.

"글쓰기는 탐험이다. 아무것도 없는 상태에서 시작하여 쓰면서 배워간다."

우리는 다른 사람이 남긴 글을 보며 세상을 배우고 삶을 배운다. 그런데 그들이 쓴 글을 가만히 보면 거기에는 살아온 그들의 삶이 담겨 있다. 그리고 어떤 글에는 작가의 민낯과 모습이 고스란히 드러난다. 누구라도 마찬가지다. 글을 쓰는 과정에서 우리는 자기 자신을 확인하고, 때로는 처음 만나는 얼굴과 마주한다.

막상 글을 쓰다 보면 뜻밖의 감정과 생각이 튀어나온다. 문장 속에서 드러나는 두려움이나 희망, 잊었다고 생각한 기억은 글을 통해 다시 빛을 얻는다. 그 순간 '아, 내가 이런 사람이었구나!' 하고 깨닫는다.

글쓰기는 결국 자기 고백이자 자기 발견이다. 수식조차 필요 없는 가장 담백하고 솔직한 한 줄이 나를 가장 정확하게 비춘다. 그리고 그 기록들이 쌓이면, 나는 조금 더 선명하게 나를 이해하게 된다. 닥터로우의 말처럼, 글은 우리 자신을 찾아가는 탐험이다. 쓰는 동안 우리는 조금 더 깊이 자신을 알고, 그 과정을 통해 삶을 단단히 붙잡는다.

경험과 기록 사이에서

우리가 사랑을 경험할 때는
그 열기 속에 휩싸여 내 감정을, 상대의 모습을,
나아가 서로의 모습을 제대로 바라보지 못한다.
그러나 시간이 지난 뒤 글로 적어 내려가면,
그 사랑은 다시 살아나고 새로운 얼굴을 드러낸다.
기쁨은 글 속에서 더 깊어지고,
슬픔은 글 속에서 위로로 바뀐다.
그렇게 한 번 지나간 삶은
글을 통해 다른 차원에서 다시 살아난다.

"우리는 삶을 두 번 맛보기 위해 글을 쓴다.
한 번은 현재에서, 또 한 번은 회상 속에서."

아나이스 닌

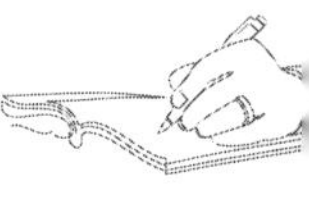

아나이스 닌은 말했다.

"우리는 삶을 두 번 맛보기 위해 글을 쓴다. 한 번은 현재에서,
또 한 번은 회상 속에서."

삶은 누구에게나 단 한 번 주어지지만, 글을 쓰는 이는 그 삶을 다시
살아낼 수 있다. 경험은 순간에 머무르지만, 기록은 그 순간을 다시
불러내어 의미를 새기기 때문이다.

우리가 사랑을 경험할 때는 그 열기 속에 휩싸여 내 감정을, 상대의
모습을, 나아가 서로의 모습을 제대로 바라보지 못한다. 그러나 시
간이 지난 뒤 글로 적어 내려가면, 그 사랑은 다시 살아나고 새로운
얼굴을 드러낸다. 기쁨은 글 속에서 더 깊어지고, 슬픔은 글 속에서
위로로 바뀐다. 그렇게 한 번 지나간 삶은 글을 통해 다른 차원에서
다시 살아난다.

닌이 말한 '두 번의 삶'은 반복이 아니라 확장이다. 글쓰기는 과거를
복제하는 것이 아니라, 그 경험에 새로운 빛을 더해주는 행위다. 그
래서 쓰는 사람은 늘 조금 더 풍요롭게, 조금 더 성찰하며 산다. 어
제의 나에게서 미래의 나를 배우기 때문이다.

결국 글쓰기는 삶을 길게 늘리는 방법이 아니라, 삶을 더 깊게 만드는 방법이다. 한 번은 살고, 또 한 번은 글로 산다. 그것이 글을 쓰는 이가 누리는 특별한 축복이다.

시간을 넘어 되살아나는 말들

글은 적는 이와 읽는 이가
시간을 거슬러 나누는 영혼의 대화이다.
저자와 독자가 주고받는 고유한 억양을 가진
기억이자 도구이다.
그래서 쓰는 순간,
우리는 이미 자신의 목소리를
미래로 보내고 있는 셈이다.

"책은 단어의 구조나 단어들의 연속 이상이다.
그것은 독자와 맺는 대화이며,
그 독자의 목소리에 부여하는 억양이고,
그의 기억 속에 남겨두는 변해가면서도
오래 지속되는 이미지들이다."

호르헤 루이스 보르헤스

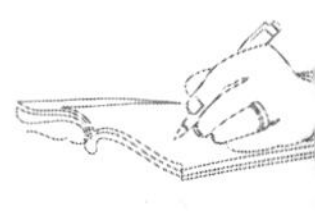

아르헨티나 작가 호르헤 루이스 보르헤스는 말했다.

> "책은 단어의 구조나 단어들의 연속 이상이다. 그것은 독자
> 와 맺는 대화이며, 그 독자의 목소리에 부여하는 억양이고,
> 그의 기억 속에 남겨두는 변해가면서도 오래 지속되는 이미
> 지들이다."

그의 말처럼 글쓰기는 '내가 말했다'라는 흔적이 아니라 '독자와 나 사이에 생겨난 의미의 흐름'이고 그 흐름이 결국 기억 속에 살아남는 이미지로 자리 잡는다는 사유를 담고 있다. 우리는 책을 읽으며 사라진 목소리를 듣고, 잊힌 얼굴을 떠올린다.

말은 공기 속에서 흩어지고, 목소리는 시간이 지나면 사라진다. 나는 가끔 생각한다. 사랑하는 사람이 이 세상에서 사라질 때 가장 슬픈 것은 그의 목소리를 들을 수 없기 때문이라고. 그러나 글은 그 목소리를 붙잡아두고, 다시 세상으로 불러낸다.

누군가의 일기를 펼칠 때, 우리는 이미 세상을 떠난 사람의 숨결을 느낀다. 성경을 보고 철학자의 글을 읽을 때면 글을 쓴 작가들이 지금 살아 있기라도 한 듯 여겨질 때가 많다. 책이 아니더라도 그렇다.

오래된 편지 한 장이 눈앞에 놓이면, 잉크가 바랜 글씨 속에서 그가 말하던 억양과 표정이 되살아난다. 글은 마치 그가 곁에서 목소리를 들려주듯 그날의 시간으로 우리를 데려다 놓는다. 문학 역시 그렇다. 수백 년 전의 작가가 남긴 문장은 오늘의 독자에게 여전히 말을 건넨다. 존재는 사라졌지만, 그 목소리는 문장을 따라 다시 태어난다.

이처럼 보르헤스의 말처럼, 글은 적는 이와 읽는 이가 시간을 거슬러 나누는 영혼의 대화이다. 저자와 독자가 주고받는 고유한 억양을 가진 기억이자 도구이다. 그래서 쓰는 순간, 우리는 이미 자신의 목소리를 미래로 보내고 있는 셈이다.

이제 나만의 생각을
떠올려보세요.

필사는 모방이 아니라,
성공의 사고방식을 복제하는 일입니다.

다시,　말과 글로
이어지는 길 위에서

언어는 삶의 가장 오래된 습관이다. 우리는 하루를 말로 시작하고, 글로 마무리한다. 그 속에는 우리의 생각, 감정 그리고 존재의 무늬가 스며 있다. 이 필사의 여정을 마친 지금, 당신의 언어는 아마도 조금 더 단정해지고, 마음은 조금 더 맑아졌을 것이다.

우리는 종종 '말을 잘하는 법'이나 '글을 잘 쓰는 법'을 배우려 하지만, 사실 중요한 건 '어떤 마음으로 말하고 쓰는가'이다. 언어는 기술보다 태도에 가깝다. 말에 온기가 깃들면 관계가 살아나고, 글에 진심이 담기면 그 문장은 시간 속에서도 빛을 잃지 않는다.

결국 말과 글은 표현의 도구가 아니라 존재의 방식이다. 우리가 어떤 언어를 쓰느냐는, 우리가 어떤 사람이 되고자 하는가를 말해준다.

이 책에 함께 실린 철학자, 사상가, 작가 들의 문장들도 결국 같은 이야기를 하고 있다. 그리고 그들의 말은 세기를 건너도 여전히 살아 우리에게 깊은 울림을 준다.

말은 관계를 만들고, 글은 그 관계를 오래 남긴다. 언어는 세상과 나 사이의 다리이자, 나 자신에게 이르는 길이다. 하루에 한 문장씩 필사하며 마음을 다듬는 일은 단순히 '적는 행위'가 아니라, 자신을 길들이는 과정이다. 언어를 통해 마음이 단정해지고, 그 마음이 다시 언어를 바꾸어 나간다. 그렇게 우리는 말과 글을 통해 조금씩 더 좋은 사람으로 자라간다.

이제 다시 일상으로 돌아가더라도, 그 여백의 힘을 잊지 않길 바란다. 누군가의 말을 조금 더 깊이 듣고, 내 말을 조금 더 따뜻하게 건네는 것. 그것만으로도 세상은 훨씬 부드러워진다. 그리고 하루의 끝에 짧은 문장 하나라도 마음으로 써본다면, 그 문장은 다시 당신을 지탱할 힘이 되어 돌아올 것이다.

말과 글은 결국 우리를 세상 그리고 우리 자신과 연결하는 가장 오래된 다리다. 그 다리를 건너는 동안 우리가 배운 것은, 더 잘 말하는 법이 아니라 더 깊이 이해하는 법이었을 것이다.

이제 당신의 언어로, 당신의 세상을 써 내려가길 바란다. 그 문장이 곧 당신의 인생이 될 테니.

‘글을 베끼는 손끝에서,
새로운 나의 이야기가 태어난다.’

말과 글의 지성을 깨우는
필사 노트

초판 1쇄 발행 2025년 12월 24일
초판 3쇄 발행 2026년 01월 07일

지은이 | 양원근
펴낸이 | 최윤하
펴낸곳 | 정민미디어
주 소 | (151-834) 서울시 관악구 행운동 1666-45, 3층
전 화 | 02-888-0991
팩 스 | 02-871-0995
이메일 | pceo@daum.net
홈페이지 | www.hyuneum.com
편 집 | 미토스
표지디자인 | 강희연
본문디자인 | 디자인 [연;우]

© 양원근

ISBN 979-11-24022-09-2 (03320)